Le Super Guide des Filles créatives d'aujourd'hui

Collection GIRLS Book

TEXTE
Aurore Meyer

ILLUSTRATIONS
Myrtille Tournefeuille
et Amandine

Thick page

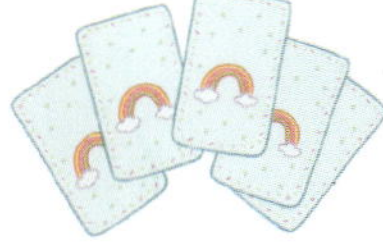

Larousse Jeunesse

SOMMAIRE

DIY

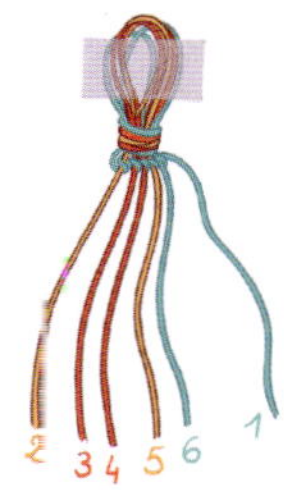

style MODE beauté

ELLES l'ont fait !

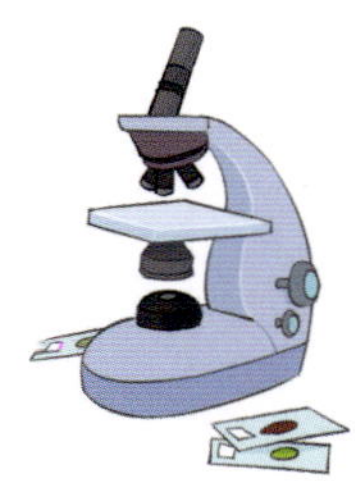

Idées RECETTES

Tes QUESTIONS

JEUX en folie

DÉFIS en tout genre

AU TOP

ZEN attitude

UNE CHAMBRE COSY

Tu passes certainement beaucoup de temps dans ta chambre, alors c'est peut-être le bon moment pour rendre ton endroit encore plus attrayant. Avec un peu de matériel, quelques idées et une bonne dose d'énergie, concocte un petit coin bien à toi !

Une boîte à bazar

Au lieu d'empiler tes affaires sur ta chaise de bureau, sous ton lit ou par terre, prends une corbeille à linge, un joli panier ou une malle, et dépose tous les objets que tu n'as pas le temps de ranger. Attends jusqu'au prochain week-end et profites-en pour tout mettre en ordre. Voilà, tu peux repartir du bon pied pour une nouvelle semaine !

Côté crayons

Tous ces jolis crayons et stylos multicolores méritent un pot à leur image. Récupère une boîte de conserve vide, nettoyée et débarrassée de ses bords tranchants. Si les bords restent coupants, tu peux les poncer avec du papier de verre ou tout de suite coller du ruban adhésif pour te protéger d'une éventuelle blessure. Colle tout autour du *masking tape*, des autocollants, des perles, de la dentelle ou de vieux morceaux de tissus façon patchwork… Et le tour est joué !

Des cachettes super chouettes

Si tu as une petite sœur qui a tendance à fourrer son nez un peu partout, il te faut des cachettes ! Tu peux déjà fabriquer la boîte à secrets de la page 40. Ensuite, observe bien ta chambre et repère des coins cachés : dissimule un objet en le scotchant sous ton lit, prépare une boîte sur laquelle tu écris « Mathématiques » et glisses-y tes secrets (il y a peu de chances que ta sœur farfouille dans ta boîte de maths) !

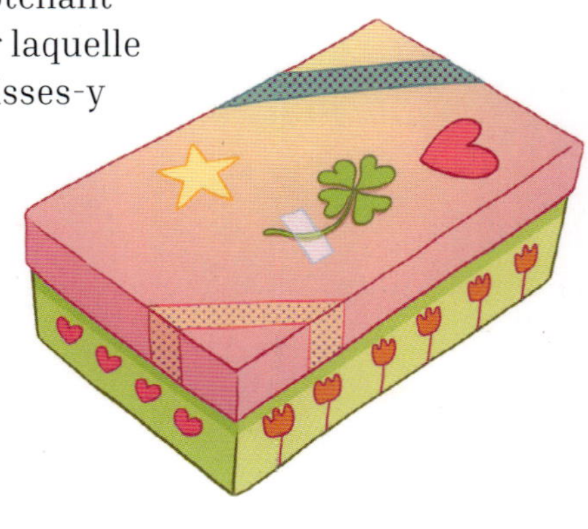

Côté mémo

Pour être sûre de ne rien oublier, fabrique-toi un cadre mémo.

IL TE FAUT :

- un ancien cadre
- une feuille de papier de la taille du cadre
- de la colle
- du *masking tape*
- une ficelle
- 2 punaises
- des mini-pinces à linge

1 Retire l'image contenue dans le vieux cadre et remplace-la en collant un joli papier.

2 Recouvre l'encadrement de *masking tape*.

ASTUCE

Tu peux aussi récupérer une vieille planche et la repeindre avec de la peinture magnétique de couleur. Il te suffira alors d'accrocher tes petites notes avec des aimants.

3 Accroche la ficelle à l'aide des punaises et fixe les pinces à linge sur la ficelle.

Côté bureau

Relooke ta chaise et ton bureau vieillissants, ou un peu trop blancs, avec des bandes de *masking tape* ou de la peinture argentée pour un effet star. Ajoute tes pots à crayons récup' : de vieux pots de peinture ou des boîtes de conserve décorés. Pense à la poubelle de bureau (une petite corbeille ou un joli panier peuvent faire l'affaire) sous peine de voir s'entasser de vieux papiers dans ton espace de travail !

Côté déco

Avec l'autorisation des parents, bien évidemment, mets des posters au mur, des photos-souvenirs, des jolis miroirs ou des petits accessoires. Demande aussi à tes parents si tu peux changer de housse de couette, de coussins ou de rideaux. Et à toi la chambre toute neuve !

Côté rangement

Maintenant que tu as terminé, essaie de garder ta chambre toute belle. Pour cela, tu peux ranger au fur et à mesure ou, top chrono, mettre une musique dynamique pour tout remettre en ordre le plus rapidement possible !

Bien dans ton corps

Trop maigre, trop potelée, trop petite, les genoux qui partent sur les côtés… Nul n'est parfait !

Prends soin de ton corps

Pour avoir « un esprit sain dans un corps sain », pour ne pas avoir à te poser mille questions sur ton poids, surveille un peu ton alimentation. Avoir bonne mine et le teint frais, ça passe aussi par ce que tu manges et ce que tu bois. Ne te lance pas dans des régimes quels qu'ils soient. Même si tu te délestes de quelques kilos, tu as toutes les chances de les reprendre assez rapidement et tu risques des carences.

♡ Ne te prive pas mais reste raisonnable : si tu as avalé un burger-frites à midi, compense le soir avec une soupe ou des légumes. Tout est dans l'équilibre sur une journée, voire sur une semaine. Alors, surtout, ne saute pas de repas ! Même pas le petit déjeuner sous prétexte que tu es en retard…

♡ Écoute ton corps en mangeant à ta faim, mais en écoutant aussi quand il te dit « stop ». C'est pour cette raison que tu dois prendre le temps de manger, et non pas dévorer devant la télé ou devant un écran. Sinon, tu n'auras pas le sentiment de satiété (savoir quand tu as assez mangé).

Dodo, l'enfant do

Près de 40 % des enfants souffrent à un moment donné de troubles du sommeil, comme des difficultés à trouver le sommeil ou se réveiller plusieurs fois par nuit. Alors pour te mettre dans de bonnes conditions, évite les écrans et le sport juste avant de dormir, et préfère un bon roman !

Reste toi-même

C'est super de suivre la mode, mais l'important est de garder ta personnalité. Prends soin de toi et de ton look : c'est important, car être belle, c'est bon pour le moral ! Apprends à t'aimer telle que tu es : on trouvera une fille toujours plus jolie si elle a confiance en elle que si elle est renfrognée.

ELLES l'ont fait !

MISSION AVENTURE

À deux, c'est mieux, alors demande à une copine de t'accompagner dans ta mission… et partez à l'aventure !

Quel défi ?

Avant de partir, à toi de choisir le défi que tu veux relever. Voici quelques idées :

- créer ton propre parcours Hébert (équilibre, sauts, course, etc.) ;
- vaincre ta phobie des vers de terre ;
- rester 1 heure dans le jardin quand il fait nuit ;
- fabriquer des objets avec des morceaux de bois ;
- trouver un maximum d'escargots ;
- chercher des plantes pour faire un herbier ;
- nettoyer une plage de tous les détritus abandonnés ;
- trouver une source d'eau.

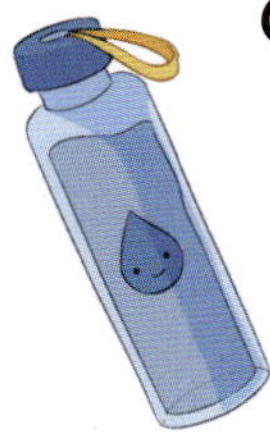

À ne pas oublier

- ○ De l'eau
- ○ Un petit en-cas
- ○ De bonnes baskets
- ○ De la corde ou de la ficelle
- ○ Une lampe de poche : tu sais quand tu pars mais tu ne sais jamais quand tu reviens !
- ○ Un téléphone portable en cas de problème…

« Tout seul on va plus vite, ensemble on va plus loin. »

Proverbe africain

Respect

Une bonne aventurière respecte la nature et les animaux. Et surtout, efface tes traces : pas de détritus, pas de feu laissé en plan... Personne ne doit se douter que tu es passée par là.

Amelia Earhart

Même si son nom ne te dit peut-être rien, Amelia Earhart est une as de l'aviation.

Elle est née en 1897 dans le Kansas aux États-Unis, et c'est à 23 ans, lors d'un baptême de l'air, qu'elle se prend de passion pour les avions. Elle décide alors de suivre des leçons de pilotage. Vraie aventurière, Amelia est la première femme à avoir traversé en solitaire l'Atlantique en avion, en 1932. Mais cette aventure ne lui suffit pas, et elle décide de se lancer en 1937 dans un tour du monde (toujours en avion) en suivant la ligne de l'Équateur avec Frederick Noonan, un navigateur américain. On pense aujourd'hui qu'Amelia aurait disparu dans un crash, le 2 juillet 1937, sur une petite île du Pacifique.

Idées RECETTES

Un menu 100 % nature

Et si tu te faisais une pause gourmande en communion avec la nature ?

Des couverts recyclables

Pas de menu écolo sans des couverts… qui se mangent ! Découpe des formes de couteau et de fourchette dans de la pâte à tarte. Puis fais-les cuire au four pendant 10 minutes à 150 °C.

UN PALMIER FRUITÉ

Il te faut (pour 2 personnes) :

- 1 banane
- 1 clémentine ou 2 abricots (selon la saison)
- 1 kiwi

1. Épluche la banane et coupe-la en deux dans la longueur, puis coupe-la en rondelles et dispose-les dans une assiette pour former le tronc du palmier.
2. Épluche la clémentine et sépare les quartiers, ou découpe les abricots en six. Dépose-les au pied des bananes.
3. Épluche le kiwi et coupe-le en deux dans la hauteur. Recoupe-le en quartiers et fais-en le feuillage de ton palmier.

UN CIEL SALÉ

Il te faut
(pour 2 personnes) :

- 100 g de riz cuit
- 1 olive noire
- 1 betterave coupée en quatre puis en rondelles
- 1 concombre coupé en deux puis en rondelles
- 1 boîte de maïs
- 1 carotte coupée en rondelles
- 6 tomates cerises coupées en deux

❶ Fais cuire le riz. Quand il est refroidi, forme deux nuages. Découpe des petits morceaux d'olive noire de façon à former les yeux et la bouche de chaque nuage.

❷ Dispose les éléments de l'arc-en-ciel : des morceaux de betterave pour le violet, du concombre pour le vert, du maïs pour le jaune, de la carotte pour le orange et des tomates cerises pour le rouge.

❸ Dispose les grains de maïs restants pour faire le soleil.

ASTUCE

Pas de gaspillage : utilise le reste de tes ingrédients pour réaliser une petite salade variée.

Tes QUESTIONS

COMMENT SE FAIRE DES COPINES ?

Que tu sois déjà très bien entourée ou que tu te sentes parfois un peu trop seule, voici quelques idées pour te faire des copines.

RESTE TOI-MÊME

Qui a envie d'être l'amie d'une fille déprimée ?! Si tu affiches un sourire sur ton doux visage, c'est déjà la moitié du chemin parcouru. Si tu es sociable et joyeuse, les autres filles auront certainement envie de devenir ton amie. Mais surtout, ne rentre pas dans la peau de quelqu'un d'autre. Garde toujours ta personnalité.

FAIS RIRE

Ton humour peut être une très grande force. À toi de voir la technique : humour naturel, pitreries, mimes ou apprendre par cœur le livre des blagues de Toto, fais ce que tu peux pour amuser la galerie !

EN ARRIVANT EN 6e…

Gloups, tu connais très peu de monde, voire personne. Tes copines sont dispatchées : en 6e 4, en 6e 5 alors que toi, tu es en 6e 1. Relativise ! Si tu te sens seule, dis-toi que d'autres filles sont dans le même cas que toi. En arrivant dans la salle, trouve une place libre à côté d'une personne et demande-lui gentiment si tu peux t'asseoir à côté d'elle. Ce sera la première étape. Après, n'hésite pas à la complimenter (sincèrement !) sur sa trousse, son sac ou ses stylos. Demande-lui aussi de quelle école elle vient, si elle connaît des gens ici, si elle reste à la cantine. En sortant de classe, essaie de rester avec elle : elle sera ta personne repère. Après quelques jours, nul doute que ton petit groupe se sera agrandi !

ET SI TU DÉMÉNAGES…

Aïe, la tuile ! Et ça, tu ne peux rien y faire ! En arrivant en cours d'année, tu te sens complètement isolée. Même si à l'école tu te feras certainement des amis, commence par les gens autour de chez toi. Demande à tes parents de t'accompagner et présentez-vous aux voisins. Vous pouvez même leur proposer un petit goûter pour vous intégrer.

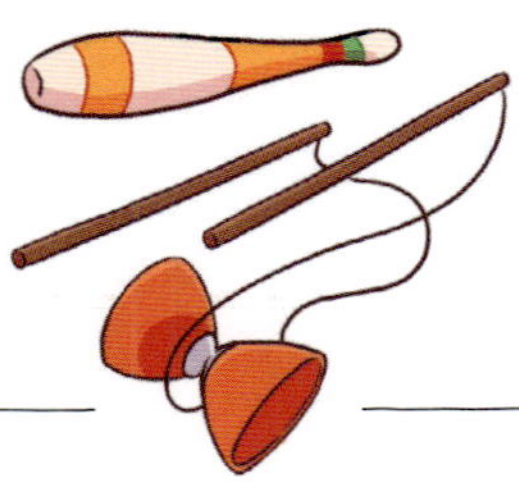

Renseigne-toi ensuite sur les activités extra-scolaires : gym, cirque, théâtre, musique, danse, tennis… Le sport est fédérateur et t'apportera à coup sûr de nouvelles connaissances !

DIY

Tes bracelets brésiliens

→ Crée de jolis bracelets de l'amitié
→
→ à partager avec tes copines.

IL TE FAUT :

- 130 cm de fils de coton de trois couleurs différentes
- une paire de ciseaux
- du ruban adhésif

1

Réunis les trois fils et plie-les en deux en leur milieu.

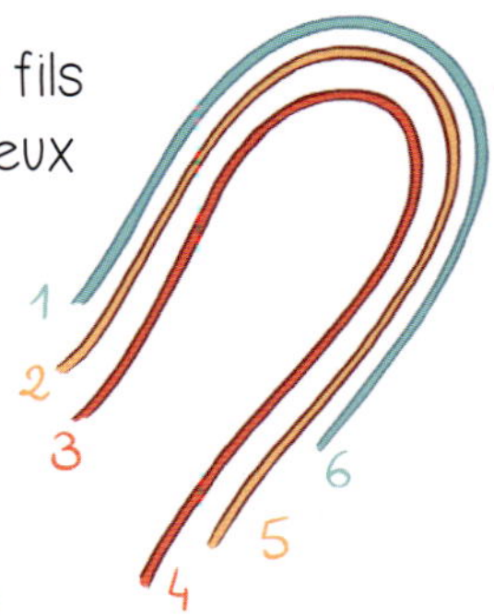

2

Fais un nœud en formant une boucle et colle le nœud sur une table avec le ruban adhésif, pour ne pas que la base bouge quand tu fabriques ton bracelet.
Dispose les fils comme ceci :

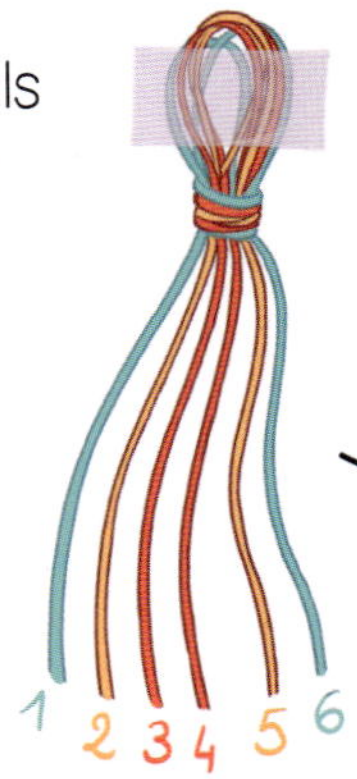

3

Pour faire le premier nœud, prends le fil 1 et fais un nœud sur le fil 2.
Remonte à la base en serrant bien.
Fais un deuxième nœud en gardant le fil 2 bien tendu.

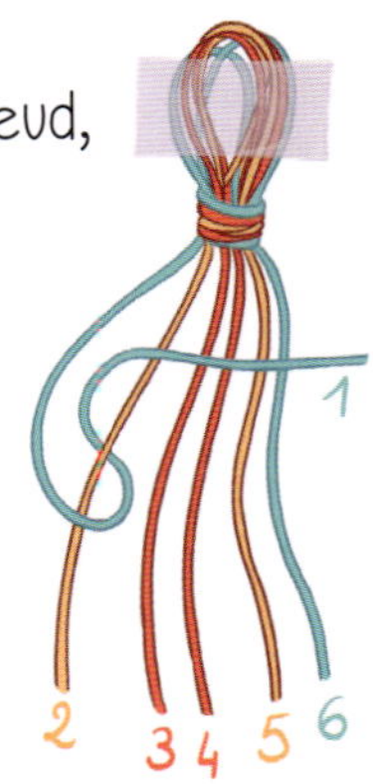

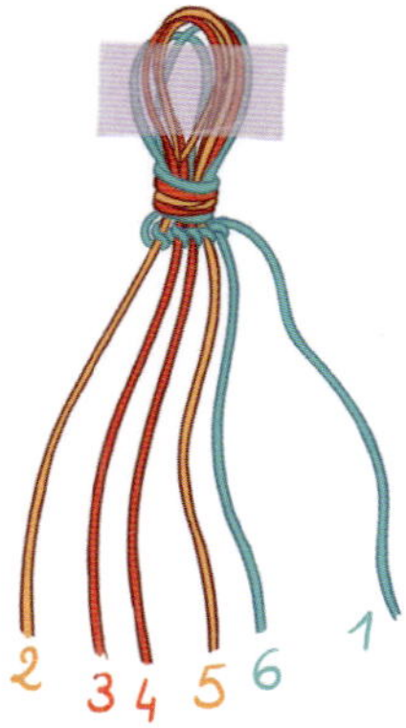

4

Toujours avec le fil 1, fais deux nœuds sur le fil 3, puis sur le fil 4, puis sur le 5, puis sur le 6. Le fil 1 se retrouve en dernière position.

5

Reproduis la même opération avec le fil 2. Fais un nœud sur le fil 3. Remonte à la base en serrant bien. Fais un deuxième nœud en gardant le fil 3 bien tendu. Toujours avec le fil 2, fais deux nœuds sur le fil 4, puis sur le fil 5, puis sur le 6, puis sur le 1. Le fil 2 se retrouve en dernière position. Continue jusqu'à ce que la longueur du bracelet convienne à ton poignet.

6

À la fin, sépare les fils en deux groupes de trois et tresse chaque groupe. Ferme chaque tresse avec deux double-nœuds. Tu pourras accrocher les tresses à la boucle de départ pour fermer ton bracelet.

Accroche le bracelet à ton poignet ou offre-le !

Et tout simplement…

Si tu n'as pas le temps de faire un bracelet brésilien :

- accroche une breloque ou une perle à un simple ruban ;
- ou fais une tresse avec trois liens de différentes couleurs sur toute la longueur du bracelet.

JEUX en folie

Des jeux pour une soirée pyjama

Tu es prête à organiser une super soirée pyjama ? Alors pour ne pas vous ennuyer, voici des tonnes d'idées !

ACCORD PARENTAL

Demande à tes parents l'autorisation d'inviter deux, trois ou quatre copines chez toi (plus on est de fous, plus on rit !) et fixez les règles à l'avance : heure de coucher, rangement dès le lendemain... Ensuite, pour être sûre que toutes tes copines soient présentes, essaie de les prévenir à l'avance.

LA DÉCO

Mets un peu de douceur dans ce monde de brutes pour une soirée *girly* méga réussie ! Une jolie guirlande mettra tes copines tout de suite dans l'ambiance.

ASTUCE

Une fois la fête terminée, tu pourras réutiliser la guirlande dans ta chambre et y ajouter vos photos de la soirée.

La guirlande de fête

Il te faut :

- une ficelle d'une longueur telle que tu puisses l'accrocher entre deux murs de ta chambre
- du papier de couleur ou de la feutrine
- une paire de ciseaux
- du ruban adhésif
- une feuille de papier blanc
- de la pâte à fixer

1. Pose une feuille de papier blanc sur le gabarit de ton choix ci-dessous et décalque le motif.
2. Découpe le motif et reproduis-le sur tes papiers de couleur autant de fois que nécessaire.
3. Découpe tes formes et dispose-les alignées sur la table.
4. Pose la ficelle et colle chaque forme dessus.
5. Accroche ta guirlande aux murs avec la pâte à fixer.

LA PRÉPARATION

Vérifie un jour avant que tout est bien prêt pour accueillir tes copines : les lits, le matériel pour organiser les jeux, un appareil photo ou un téléphone pour immortaliser votre belle soirée, et éventuellement quelques bonbons !

DES SECRETS PAR MILLIERS

Pas de soirée pyjama sans un minimum de révélations ! Commence par découper et construire le dé de l'amitié (p. 121). Chacune votre tour, lancez le dé et fiez-vous à ce qui est indiqué. Bien sûr, vous pouvez continuer de papoter et vous raconter plein de vérités ! Et pour favoriser les confidences, rien de mieux qu'un coin cosy et douillet. Dispose par terre un ancien matelas, des plaids ou des couvertures, et des gros coussins.

LES YEUX FERMÉS

Rigoler et papoter, c'est sympa, mais jouer et s'amuser, c'est encore mieux ! Voici le premier jeu : éteignez la lumière et mettez-vous pieds nus. La plus jeune commence et doit trouver à tâtons à qui appartiennent les pieds. Les guilis sont permis !

Celle qui a été la meilleure commence le jeu suivant : éteignez la lumière et faites-la tourner cinq fois sur elle-même. Elle doit réussir à vous retrouver dans la chambre sans se cogner partout !

LA CHAÎNE INFERNALE

Sur le modèle de « Marabout-bout de ficelle-selle de cheval », continuez à partir de « Soirée-réveille-toi… », etc. Continuez la chaîne de mots et donnez un gage à celle qui sèche ! Vous pouvez recommencer en déterminant un autre mot de départ.

BEURK !

Demande à l'un de tes parents (ou fais-le avant ta soirée) de remplir des bols avec des choses dégoûtantes à toucher, comme du riz cuit, du gel, du *slime,* du coton mouillé, des feuilles sèches, du fromage blanc… Bandez-vous les yeux et faites passer les bols. Chacune doit deviner le contenu. Comparez vos résultats et élisez la reine Cracra !

BYE BYE !

Voilà ! La fête est finie, les copines sont parties. Alors, pour avoir l'autorisation de recommencer très vite, aide tes parents à ranger. Ils seront ravis de voir que l'on peut compter sur toi et prêts (peut-être) à renouveler l'expérience !

Affiche ton style

Avec quelques astuces, tu peux te trouver un look bien à toi, à la mode, sans pour autant perdre ta personnalité. Le point de départ est de définir ton style. Un accessoire ou une couleur peut facilement devenir ta signature. C'est le dress code.

Si tu aimes…

○ les jupes longues, les froufrous, les dentelles, les broderies, les jupons
→ tu as plutôt un style **romantique.**

○ les *crop top* (petits hauts courts), les sweats à capuche, les joggings ou les jupes courtes
→ tu as plutôt un style ***street***.

○ le fluo, les arcs-en-ciel, les macarons dans les cheveux, le gloss pailleté et les petits stickers brillants sur les ongles
→ tu as plutôt un style **manga**.

○ les treillis, les baskets, les blousons courts, les grosses ceintures
→ tu as plutôt un style **urbain**.

○ les grandes robes, les fleurs, le Liberty, le rose, les nœuds, les diadèmes
→ tu as plutôt un style **princesse bohème**.

○ tout ce que les autres détestent
→ tu as plutôt un style **excentrique** !

La règle de trois

Sauf exception, pas plus de trois couleurs à la fois. Bon d'accord, tu as droit à un joker, mais juste pour un carnaval ou une fête déguisée ! Tu peux multiplier les essayages pour trouver la tenue adéquate, toutefois, le matin, fais attention à ne pas te mettre en retard à l'école…

Le petit détail qui change tout

Reprends un motif à ta sauce. C'est la mode des motifs « 100 % tropical » ? Qu'à cela ne tienne, tu vas en mettre partout mais par petites touches ! Crée un badge palmier, un bracelet feuille en pâte Fimo, dessine un ananas sur un tee-shirt avec un feutre spécial tissu. Trop facile d'être à la mode sans se ruiner !

Ose

Affirme ta personnalité haut et fort. Pas de place à la honte. « Quoi ? Tu ne connais pas la mode du nœud papillon ? » L'essentiel est d'être convaincue de ce qu'on dit, d'assumer. Si tu as confiance en toi, le pari est déjà gagné !

COMMENT GAGNER DE L'ARGENT DE POCHE ?

Pas question de devenir tout de suite une grande chef d'entreprise, mais si tu pouvais économiser un peu d'argent pour t'offrir le cadeau de tes rêves ?

- Mets en place le 1 € par gros mot : à chaque fois qu'un membre de la famille prononce un gros mot, il doit donner 1 € à la personne qui le lui fait remarquer. Et comme il y a de fortes chances que tes parents en disent plus que toi, tu vas vite devenir riche !
- Propose tes services à tes grands frères et sœurs moyennant finance : ranger leur chambre ou passer un coup d'aspirateur pour 2 €.
- Fais du tri dans tes livres, tes jouets ou tes bibelots. Avec la participation de tes parents, tiens un stand dans un vide-greniers ou vends tes objets sur Internet.
- Négocie avec tes parents : laver les vitres, faire briller la voiture ou tondre la pelouse pour la modique somme de 5 €. Tout travail mérite salaire !

« L'homme pauvre n'est pas celui dont les mains sont vides mais celui dont l'âme est vide de désirs. »

Proverbe africain

À SAVOIR

Rassure-toi ! Selon une étude, seuls 43 % (moins de la moitié) des parents français donnent de l'argent de poche à leurs enfants. Alors si tu n'en reçois pas, essaie d'économiser les sous que tu reçois pour Noël ou ton anniversaire !

Le porte-monnaie

Il te faut :

- de la feutrine de différentes couleurs
- de la colle pour tissu
- du scratch
- un feutre noir
- de la peinture pour tissu

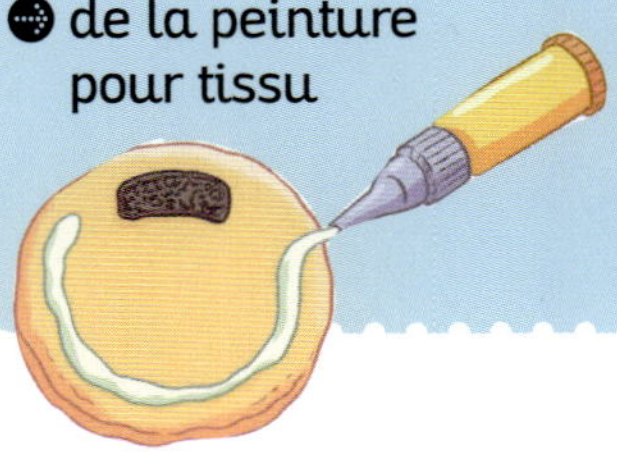

❶ Découpe deux ronds dans la feutrine à l'aide d'un verre ou d'un bol suivant la taille que tu veux donner à ton porte-monnaie.

❷ Colle les deux ronds ensemble en laissant une ouverture sur le dessus.

❸ Découpe un morceau de scratch et colle-le à l'intérieur pour fermer ton porte-monnaie.

❹ Découpe les oreilles, le museau et les yeux dans des feutrines de couleurs différentes et colle les formes.

❺ Termine les petits détails comme les cils ou les moustaches à la peinture.

Défi écolo

Quand on prend la vie comme un défi, on s'amuse beaucoup plus. Alors suis-nous pour trouver rigolo d'être écolo !

10 petits gestes pour sauver la planète !

❶ Prends des douches plutôt que des bains : une douche de cinq minutes consomme environ quatre fois moins d'eau qu'un bain !

❷ Éteins la lumière lorsque tu quittes une pièce. Pense aussi aux bougies pour une ambiance tamisée (attention à bien les éteindre quand tu n'es plus dans la pièce) !

❸ Bois de l'eau du robinet plutôt qu'en bouteille. Elle est très régulièrement contrôlée et, en France, tu ne cours aucun risque (sauf contre-ordre ponctuel de la mairie).

❹ Utilise des piles rechargeables pour tes appareils, ça coûte moins cher au final et c'est plus écolo !

❺ Éteins les appareils comme la télé, la console, l'ordinateur... au lieu de les laisser en veille. Et ne laisse pas les chargeurs dans les prises.

❻ Économise les sacs quand tu pars faire du shopping en prenant un sac à dos, un panier ou un *tote bag*.

❼ Ne laisse pas couler l'eau du robinet lorsque tu te brosses les dents. Pense à prendre un verre pour ne pas gâcher 10 litres d'eau inutilement.

❽ Prends ton vélo pour te balader plutôt que de supplier tes parents de t'accompagner en voiture !

Le temps de se dégrader

Réfléchis à deux fois avant de laisser un déchet derrière toi. Voici le temps que ces objets mettent à se dégrader quand ils sont abandonnés dans la nature :

- Une bouteille en plastique = jusqu'à 1000 ans
- Un sac en plastique = 450 ans
- Une canette = jusqu'à 100 ans
- Un chewing-gum = 5 ans
- Un ticket de bus = 1 an
- Un mouchoir en papier = 3 mois
- Un trognon de pomme = 1 à 5 mois

❾ Consomme des fruits et légumes de saison. Un fruit acheté près de chez toi et qui vient de ta région (ou de ton pays) permet de faire des économies de transport, donc d'essence, et réduit la pollution.

❿ Recycle tes déchets : jette les ordures dans les bonnes poubelles, économise les feuilles en t'en servant comme feuilles de brouillon quand elles sont à peine utilisées.

ELLES l'ont fait !

MISSION PARFUMEUR

Comme tu es unique au monde,
tu mérites une senteur à ton image.
Crée ton parfum léger, doux et discret !

Pschitt fleuri

Choisis ta fleur pour fabriquer ton parfum : lavande, rose, jasmin, géranium, oranger, mimosa… Les choix sont multiples. Tu peux même essayer des mélanges.

❶ Verse tes pétales avec 25 cl d'eau dans une casserole. À frémissement, retire la casserole du feu et laisse infuser pendant 4 heures.

❷ Ajoute quelques gouttes de vinaigre blanc pour fixer l'odeur de la fleur. Filtre ensuite ta préparation dans un chinois, ou un filtre à thé ou à café.

❸ Verse ta préparation dans un flacon et stocke-la au réfrigérateur.

Tu as sept jours devant toi pour te parfumer et te rafraîchir quand bon te semble !

Le sais-tu ?

Connue pour son industrie de parfums depuis le XVIIe siècle, Grasse est la capitale mondiale des parfums.

Germaine Cellier

Le premier nez féminin est une femme impertinente au tempérament de feu et aux idées de génie !

Germaine Cellier est née en 1909 à Bordeaux et fait ses études de chimie à Paris. Elle est embauchée comme chimiste à 21 ans, mais c'est une rencontre décisive dix ans plus tard qui la pousse dans le parfum. Elle s'associe avec le styliste Robert Piguet pour créer sa première fragrance en 1944 : *Bandit*. Elle continuera à créer d'autres parfums comme *Vent Vert* de Balmain, en 1945, ou *Fracas* de Robert Piguet sorti en 1948. Germaine Cellier est reconnue pour être la première femme parfumeur. Elle meurt en 1976 à l'âge de 67 ans.

Un créateur de parfum s'appelle un « **nez** ».

COMMENT ASSURER À LA RÉCRÉ… ET UN PEU EN COURS AUSSI !

Pas toujours évident d'être la fille sympa de la récré tout en continuant à bien suivre en classe !

ORGANISE-TOI

Rien de tel, pour avoir les idées claires, que de s'organiser : ranger sa chambre, trier ses stylos, classer ses affaires… Tu verras que, dans ces conditions, travailler deviendra un peu plus plaisant !

DE NOUVELLES TÊTES

Les copines que l'on retrouve, c'est sympa. Mais pense aussi à aller vers les autres, les nouvelles qui ne demandent qu'une chose : qu'on vienne leur parler. Mets-toi à leur place : tu aimerais bien qu'on t'accueille comme il se doit dans une nouvelle école. Et tu verras, tu feras sans aucun doute des rencontres très intéressantes !

Trouve ton rythme

Pas facile de trouver le bon rythme ! Quand tu as pris des (mauvaises !) habitudes pendant les vacances et que tu t'es couchée tard, réhabitue-toi en douceur à te coucher tôt quelques jours avant de retourner à l'école.

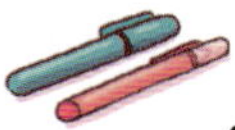

ASSURE AVEC LES COPINES

Que tu sois la première de ta classe ou non, il y a des règles pour ne pas se faire d'ennemis et ne pas trop se faire remarquer : inutile de fanfaronner quand tu récites ta poésie à la perfection, pas la peine de frimer quand tout le monde se rend compte que tu es la chouchoute de la prof... Aie la victoire modeste, tu seras d'autant plus respectée !

QU'EST-CE QUI CHANGE EN ARRIVANT AU COLLÈGE ?

Si tu n'es pas encore arrivée dans la cour des grands, tu peux appréhender un peu ce moment. Au collège, tout est plus grand ! Les élèves, bien sûr, et le nombre de salles. Dans la plupart des collèges, c'est à toi de te déplacer pour assister aux différents cours. Tu auras donc plusieurs professeurs. Mais pas de panique ! Tout ce qui te semble insurmontable au début deviendra très vite ton quotidien. Tu peux demander à visiter ton futur collège avant pour faire connaissance avec le lieu et les profs. Tu verras qu'une fois arrivée en 6e tu vas adorer le nouveau rythme : on se sent plus libre !

DIY

FABRIQUE TON SLIME

Le *slime* c'est trop agréable à patouiller, triturer, malaxer, toucher, déformer !

IL TE FAUT :

- un adulte
- des gants en caoutchouc
- une cuillère
- un bol
- 2 cuillerées à soupe de colle blanche vinylique (Cléopâtre® liquide, par exemple)
- 1 cuillerée à soupe de mousse à raser
- du colorant alimentaire (rouge, jaune ou bleu)
- 15-20 gouttes de solution pour lentilles

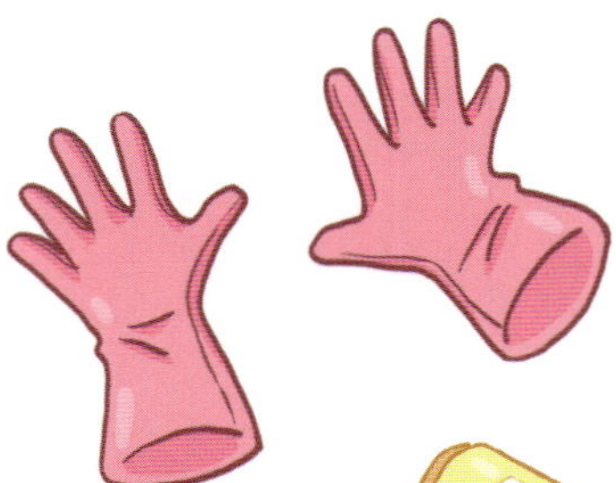

1

Mets tes gants en caoutchouc et verse la colle dans un bol, ajoute la mousse à raser et mélange avec la cuillère.

Le sais-tu ?

Slime veut dire « bave » en anglais !

2

Ajoute quelques gouttes de colorant alimentaire de ton choix pour donner de la couleur au *slime*. Mélange.

3

Verse la solution pour lentilles sous la surveillance d'un adulte, car de l'acide borique se forme pendant le mélange des ingrédients et cette réaction chimique peut être irritante pour les yeux. Mélange.

ASTUCE

- Si le *slime* colle, ajoute de la solution pour lentilles et malaxe-le bien pour le rendre caoutchouteux.
- Plus tu mets de mousse à raser, plus ton *slime* est *fluffy*.
- Tu peux ajouter des paillettes à ton *slime* pour un effet *glitter* !

AU TOP

8 choses à dire quand on est une fille au top

Pas si simple, mais quelques petits mots doux font parfois toute la différence !

On ne dit pas :
« Oh non ! Ça me saoule d'y aller ! »
Mais on dit :
« Je suis vraiment obligée de venir ? »

On ne dit pas :
« Ok, cool. »
Mais on dit :
« Merci, c'est gentil. »

On ne dit pas :
« Oh là là, c'est bon ! »
Mais on dit :
« Oui, papa. Je comprends. »

On ne dit pas :
« Nan mais tu vas dégager, oui ? »
Mais on dit :
« Peux-tu me laisser seule quelques instants ? »

On ne dit pas :
« Mais je suis pas la bonne ! »
Mais on dit :
« Oui, oui, je vais ranger ma chambre dans un tout petit moment. »

On ne dit pas de gros mots.
Mais on dit des mots inventés si vraiment on a besoin de se défouler : « Espèce de cornichon poilu ! »

On ne dit pas :
« Elle me saoule, ma mère. »
Mais on dit :
« Maman et moi ne sommes pas toujours d'accord. »

On ne tutoie pas les adultes qu'on ne connaît pas sans y être invitée.
Mais on dit :
« Puis-je vous tutoyer ? »

ZEN attitude

Respire !

Si l'on te dit que pour te relaxer il suffit de savoir bien respirer, tu nous suis ?

Stop respire

Prends une grande inspiration profonde par le nez, bloque ton souffle pendant quelques secondes et expire par la bouche le plus longtemps possible tout l'air qu'il te reste dans les poumons. Reproduis l'opération autant de fois que nécessaire. Cette technique te permet de réoxygéner ton sang et donc de t'apaiser.

❶ 

❷ 

❸ 

Le petit chien

Cette position s'appelle « Chien tête en bas » et permet de se délasser après une journée un peu compliquée !

❶ Mets-toi à quatre pattes comme un petit chien, mains par terre dans l'alignement des épaules, et genoux dans l'alignement des hanches.

❷ Inspire par le nez tout en te redressant sur tes pieds, tends les jambes et baisse la tête.

❸ Essaie de poser les talons au sol. Inspire, expire plusieurs fois.

Redescends sur tes quatre « pattes » et reprends la position initiale.

Tes QUESTIONS

COMMENT ÊTRE LA MEILLEURE COPINE DU MONDE ?

Ce n'est pas un concours d'amitié mais il suffit parfois de quelques petits riens pour être une copine au top !

CONFIE-TOI…

Tu as plein de secrets à raconter mais tu ne sais pas par où commencer ? Avec tes copines, faites un journal commun : chaque soir, l'une ou l'autre emporte le carnet chez elle, y inscrit ses états d'âme, des blagues ou tout ce qui lui passe par la tête, et le lendemain, c'est au tour d'une autre de le compléter, d'y apporter des réponses, des astuces…

Et si tu ne vas pas bien, n'aie pas peur d'écrire ce que tu as sur le cœur ! Tes amies sont là pour rigoler, mais aussi pour te soutenir !

… MAIS TIENS TA LANGUE

Pas de coups bas et on ne répète pas les secrets. JAMAIS !! Même si tu meurs d'envie de le raconter à… non, non ! Chut ! Tu ne dois surtout pas trahir la confiance de ta confidente, votre amitié pourrait en être gâchée. Et ta réputation perdue ! Et s'il s'agit vraiment d'un problème grave, propose-lui d'en parler à quelqu'un qui pourrait l'aider : ses parents, un prof, une grande sœur…

Sois complice

Vous ressembler ou, au contraire, faire de vos différences une force !

- Tes copines sont grandes et brunes et toi, tu es une petite blonde avec des taches de rousseur ? D'accord, vous ne vous ressemblez pas physiquement, mais vous avez les mêmes goûts et les mêmes passions. Vous parlez souvent en même temps car vous pensez la même chose au même moment. Vous avez envie des mêmes vêtements, des mêmes bijoux… Attention aux amoureux, quand même ! Certains sentiments ne se partagent pas !
- Elles sont hyper *girly* alors que tu es plutôt garçon manqué, elles vont facilement vers les autres alors que tu es timide, elles rêvent de travailler pour Médecins sans frontières alors que tu détestes les hôpitaux. Vous n'avez donc que peu de goûts en commun, et c'est ça qui fait le charme de votre amitié ! Vos discussions sont animées et, au final, vous rigolez bien ! Cela dit, ce n'est pas parce que tu as horreur des oiseaux que tu ne peux pas prendre des nouvelles de la perruche de Lucie ! Vous avez beau être très différentes, fais un effort, intéresse-toi aux choses qu'elles aiment. Elles ne t'en apprécieront que plus !

Défi jardin

Pas besoin d'avoir un parc de 5 hectares pour prouver que tu as la main verte. Un petit balcon ou un rebord de fenêtre sera largement suffisant.

Faire germer des graines

Il te faut :

- une soucoupe
- du coton
- des graines
- de l'eau
- un pot troué
- du terreau

❶ Pour faire germer les graines, dépose-les dans une soucoupe sur un coton imbibé d'eau. Plutôt que de noyer la terre sous un arrosoir, préfère un vaporisateur, qui sera plus délicat avec les graines fragiles.

❷ Quand les pousses atteignent environ 5 cm de hauteur, élimine les plus faibles délicatement pour permettre aux plus grosses de mieux s'épanouir.

❸ Puis transplante délicatement les graines germées dans des petits pots remplis de terreau.

ASTUCE RIGOLOTE

Tu peux aussi déposer tes graines sur une éponge mouillée, couvrir avec un bol, mettre au soleil et attendre la germination ! Et voici une éponge toute poilue...

Reporte-toi à la **notice** des graines pour connaître la meilleure période de plantation.

Avocat récup'

Récupère un noyau d'avocat, lave-le et mets-le à tremper dans de l'eau tiède pendant 30 minutes. Laisse-le sécher plusieurs heures, puis pique trois cure-dents dans le noyau pour l'installer sur un verre d'eau : la partie arrondie dans l'eau, la partie pointue à l'air.

Change l'eau régulièrement et sois patiente ! Au bout de quelques semaines, le noyau va germer. Quand les racines atteignent 1 ou 2 cm, plante le noyau dans un pot avec du terreau et observe ton avocatier évoluer.

Plantation d'ananas

Découpe soigneusement un ananas 1 ou 2 cm sous les feuilles. Enlève quelques feuilles en bas pour voir apparaître des racines.

Laisse sécher quelques jours, puis plonge ces racines dans l'eau sans dépasser sur les feuilles. Change l'eau régulièrement.

Quand les racines atteignent 1 ou 2 cm, plante l'ananas dans un pot rempli de terreau. Avec un peu de chance, tu verras des ananas pousser d'ici quelques mois !

TA BOÎTE À SECRETS

DIY

Hors de question que quelqu'un vienne farfouiller dans tes affaires... Mais comment faire quand tu n'es pas là ? Fabrique une boîte à double fond !

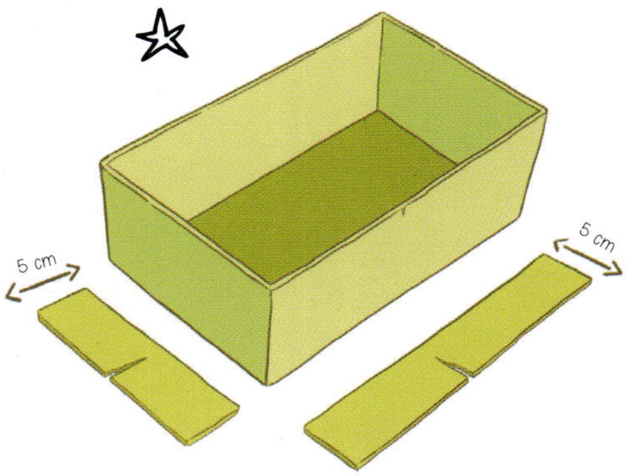

IL TE FAUT :

- une boîte à chaussures
- 2 morceaux de carton aux dimensions du fond de la boîte
- un petit ruban de 5 cm de longueur
- du ruban adhésif
- une paire de ciseaux

1

Pour faire les cases au fond de la boîte, découpe dans le premier morceau de carton : une bande de 5 cm de largeur et de la longueur de la boîte ; et une autre bande de 5 cm de largeur et de la largeur de la boîte. Avec tes ciseaux, fais une entaille au milieu de ces deux bandes pour les emboîter l'une dans l'autre. Dispose la croix ainsi obtenue au fond de la boîte.

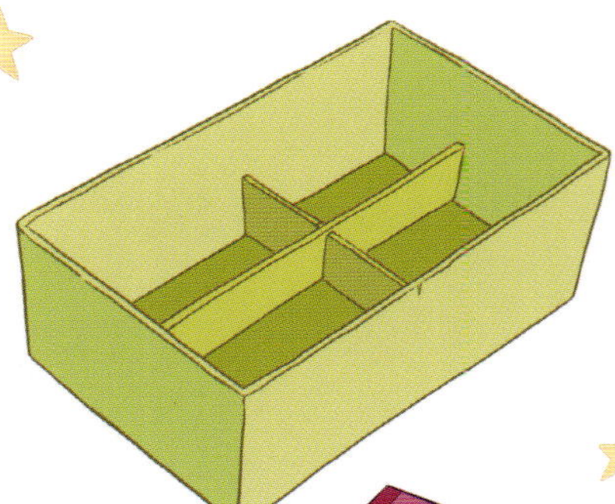

2

Dépose tes objets les plus secrets dans les casiers.

3

Colle le petit ruban sur un côté du deuxième morceau de carton et recouvre ta croix avec ce deuxième morceau de carton. Le ruban te permettra d'accéder facilement au fond de ta boîte.

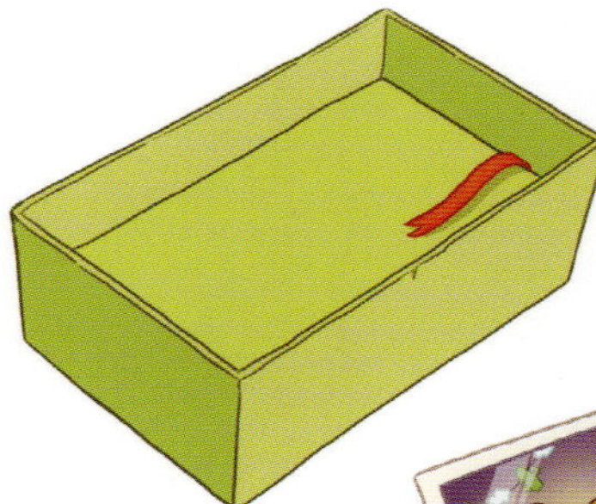

4

Dépose sur le carton des objets insignifiants pour tromper l'ennemi.

5

Referme ta boîte avec le couvercle, elle est prête !

6

Tu peux maintenant décorer l'extérieur de ta boîte à ton image : collages, papiers colorés, photos, *masking tape*, feutres ou peinture.

Quand quelqu'un tentera d'ouvrir ta boîte, il ne tombera pas sur le deuxième fond ! Tes secrets seront toujours bien gardés.

Défis de garçons… pour les filles !

Selon les garçons, les filles seraient moins fortes qu'eux, moins sportives, plus râleuses, plus froussardes. C'est ce qu'on appelle des « stéréotypes » ou des « clichés ». En trois challenges, prouve-leur qu'ils ont tort !

Stéréotype n° 1

Les filles ne savent pas jouer au football.

Bon, tu ne vas peut-être pas disputer la prochaine Coupe du monde de football, mais tu vas organiser un match entre filles. Le mieux serait même de réussir à réunir quelques garçons en guise de public mais là, ce n'est pas forcément gagné !

Stéréotype n° 2

Les garçons sont plus costauds que les filles.

Organise un tournoi de bras de fer et vois qui sort vainqueur. Tu seras surprise de constater qu'en mettant toute ta volonté dans cet exercice, tu peux remporter la victoire !

Stéréotype n° 3

Les garçons passent leur temps à se moquer.

Le sais-tu ?

Les femmes sont toujours moins bien payées que les hommes pour un même travail. Selon l'INSEE*, l'écart serait de plus de 18 % ! La nouvelle génération doit lutter contre ces discriminations !

* Institut national de la statistique et des études économiques. L'INSEE réalise de nombreux études et sondages dans les domaines de l'économie française.

Il arrive que les garçons aient du mal à exprimer leurs sentiments, leurs émotions, à communiquer ce qu'ils ressentent. Il faut savoir traduire leur langage même si ce n'est pas toujours évident. Alors à toi de jouer. Ton défi du jour : réussir à te défendre de chaque vanne provenant d'un garçon par une pirouette : « Parle à ma main », « Qui me parle, je n'entends rien »... ou en prenant le contrepied de ce qu'il te dit. Par exemple, s'il te dit ironiquement : « Super ton stylo rose à paillettes », réponds-lui : « Oui mais tu ne peux pas comprendre, c'est pour aller avec mon pyjama licorne. »

Alors, c'est qui les plus fortes ?

ELLES l'ont fait !

MISSION STYLISTE

Customise tes vêtements pour les rendre uniques au monde.

Gilet trop classique

Ton gilet de gentille petite fille ne te plaît plus ? Au lieu de le jeter, personnalise-le tout simplement en remplaçant les boutons par d'autres plus originaux : arcs-en-ciel, numéros, têtes de mort, cookies, chiens, étoiles, etc.

« La mode se démode, le style jamais. »
Coco Chanel

Une tache pistache

Une tache ne veut pas partir de ton vêtement préféré, tout est gâché. Découpe une forme sympa dans du tissu (étoile, cœur, lune...) et colle-la sur la tache avec de la colle pour tissu.

Chouettes baskets

Personnalise tes baskets en enfilant des perles sur les lacets ou en remplaçant les lacets par de gros rubans.

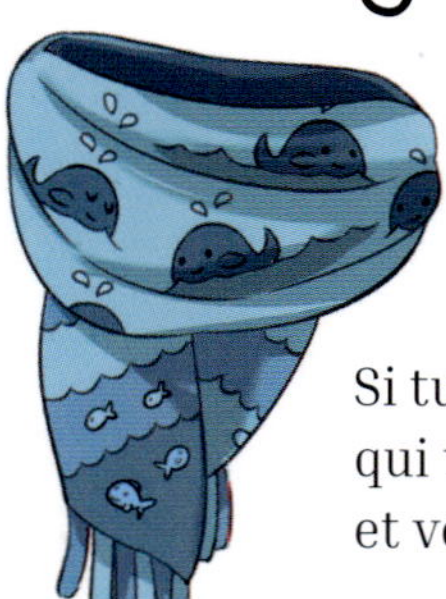

Une écharpe improvisée

Si tu ne te sens pas l'âme d'une grande couturière, choisis un tissu qui te plaît et qui ne s'effiloche pas. Découpe-le à la taille d'un foulard et voilà de quoi affronter le froid !

Coco Chanel

Coco Chanel, de son vrai nom Gabrielle Chasnel, est née en 1883. C'est à 18 ans que sa tante l'initie à la couture, passion qui ne la quittera plus.

À 20 ans, elle rentre dans un atelier de couture. À force de rencontres, elle ouvre son salon de modiste, c'est-à-dire de fabrication de chapeaux. Coco Chanel va de succès en succès. Les années 1920 sont appelées les « années folles »... à juste titre ! Coco Chanel libère les tenues des femmes qui étaient bien souvent coincées dans leurs vêtements corsetés, mais l'élégance reste la même. Coco n'hésitait d'ailleurs pas à porter ses propres tenues. Elle est la première créatrice de mode à lancer son mythique parfum : *N° 5*, qui est toujours en vente aujourd'hui.

Puis elle met sur le devant de la scène une pièce jusque-là réservée aux enterrements, la fameuse petite robe noire qui fera sa réputation. À cette époque, Coco Chanel est l'une des premières femmes à adopter une coupe à la garçonne. Elle a été désignée « première femme aux cheveux courts », même si d'autres les avaient déjà portés ainsi avant... Après une brillante carrière de styliste, Coco Chanel meurt en 1971.

Idées RECETTES

Burger party

Ce n'est pas parce que ce n'est pas équilibré qu'on ne peut pas se faire un petit plaisir de temps en temps... À consommer avec modération !

LE CHEESEBURGER BONHEUR

Il te faut
(pour 4 hamburgers) :
- 4 pains à hamburger
- du ketchup
- 4 feuilles de salade
- 1 tomate coupée en rondelles
- 4 tranches de fromage fondu spécial hamburger
- 4 steaks hachés

1. Ouvre les pains et étales-y du ketchup.
2. Dispose la salade, une rondelle de tomate et une tranche de fromage.
3. Fais cuire les steaks à la poêle quelques minutes et dépose-les sur le fromage.
4. Referme tes burgers et passe-les 20 secondes au micro-ondes pour faire fondre le fromage.

LE FAUX-BURGER SUCRÉ

Il te faut
(pour 4 hamburgers) :
- 4 buns ou brioches rondes
- 4 petits-suisses (au goût de ton choix)
- 2 kiwis
- 8 fraises
- des pépites de chocolat

1. Découpe les buns en deux et tartine le haut et le bas de petit-suisse.
2. Découpe les kiwis et les fraises en rondelles.
3. Insère les fruits dans les buns et laisse dépasser pour faire croire à de la salade et à des tomates.
4. Dépose des pépites de chocolat sur les fruits pour imiter le steak haché.

DES NUGGETS CROQUANTS

Il te faut
(pour 4 personnes) :

- 4 filets de poulet
- de la chapelure ou du pain rassis
- 1 œuf
- de l'huile
- du sel et du poivre

1. Commence par découper les filets de poulet en petits bâtonnets. Plus ils sont petits, plus ils cuiront vite.
2. Mixe du pain rassis pour obtenir une poudre ou utilise de la chapelure. Verse-la dans un bol, ajoute du sel et du poivre et mélange.
3. Casse l'œuf dans un autre bol et mélange le jaune et le blanc avec une fourchette.
4. Trempe généreusement chaque bâtonnet de poulet dans l'œuf puis dans la chapelure.

5. Verse de l'huile dans une poêle bien chaude et fais revenir tes nuggets de poulet pendant quelques minutes de chaque côté ou jusqu'à ce qu'ils soient bien dorés.

Des farces pour piéger tes copines

Et si tu devenais la reine de la blague ? Tu n'as pas forcément besoin d'attendre le 1er avril pour tendre des pièges à ta famille ou à tes amies ! Tout est permis !

LE BILLET PIÉGÉ

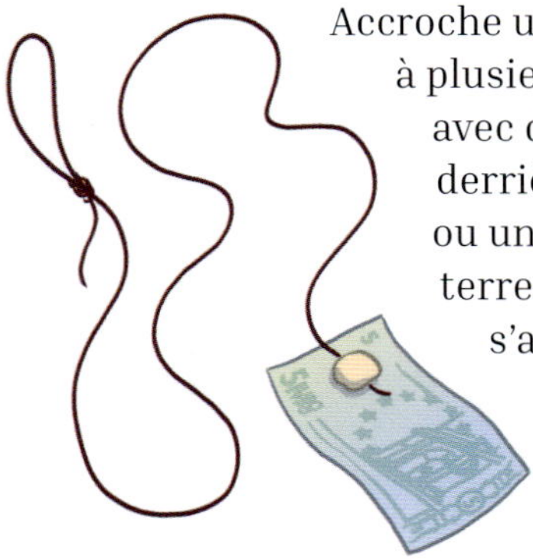

Accroche un billet de 5 € à plusieurs mètres de fil de pêche avec de la pâte à fixer. Cache-toi derrière un poteau, un mur ou un arbre et laisse le billet par terre. Au moment où ta victime s'approche pour ramasser le billet, tire sur le fil.

LA GOMME SALE

Subtilise la gomme d'une copine et enfonce des mines de crayons que tu auras récupérées en taillant tes crayons. La prochaine fois qu'elle voudra gommer son cahier tout propre, elle fera plein de nouveaux traits de crayon...

UNE GRAVE MALADIE

Croque des myrtilles avant de dire à tes copines que tu es atteinte d'une grave maladie bucco-dentaire. Tes dents et ta langue sont toutes bleues.

LE STYLO BONNE HALEINE

Repère une copine qui mâchouille tout le temps ses stylos. Pour lui en faire passer l'envie, frotte l'un de tes stylos avec une gousse d'ail et glisse-le dans sa trousse le lendemain. Il y a de fortes chances que sa manie lui passe très rapidement !

LA SALADE PLEINE DE VERS

Roule des petits morceaux de pâte d'amande blanche en forme de vers blancs. Glisse tes insectes dans une salade pour le dîner. De quoi dégoûter tes invités !

MON CHIEN, CE HÉROS

Que tu aies un chien ou non, fais croire à tes copines que quelqu'un a déposé une crotte dans sa chambre. Comment faire ? Moule de la pâte à modeler marron en forme de crotte, applique-toi à réaliser les détails pour la rendre réelle. Dépose-la délicatement sur le lit de ta copine ou sur son bureau et observe sa réaction. Dégoûtée !

Astuces beauté

Pas besoin de tremper dans un bain au lait d'ânesse comme Cléopâtre pour prendre soin de ton corps !

Règle n° 1 : la propreté !

Ni trop ni pas assez ! Il ne faut pas trop se laver au risque d'agresser et de fragiliser ta peau, mais une douche par jour, c'est le bon réflexe. À toi de varier les plaisirs avec des savons et des crèmes de douche qui sentent bon. Et même si ce n'est pas très écolo, un bain moussant de temps en temps (pas trop rempli et pas trop chaud), ça détend !

Peau de pêche

Ton visage est le premier à subir les agressions extérieures, donc pense à bien le nourrir et à l'hydrater. Peau sèche, mixte ou grasse, à chacune sa crème adaptée. Demande conseil à un dermatologue ou à un pharmacien.

Un parfum discret

Pas besoin de vider la bouteille pour sentir bon ! Quelques gouttes savamment déposées derrière tes oreilles ou dans le creux de ton cou suffiront. Choisis un parfum léger et fleuri pour ne pas embaumer toute la classe et rendez-vous à la page 28 pour créer ta fragrance unique.

Du vernis

Pas le temps de te mettre du vernis à ongles sans dépasser ? Dépose sur tes ongles des petits points de vernis d'une seule couleur ou multicolore.
Effet garanti !

Douche froide

Macérer dans un bain d'eau brûlante n'est pas le meilleur service que tu puisses rendre à ton corps. L'eau trop chaude ramollit la peau. Alors trouve la bonne température et n'hésite pas à te rincer à l'eau froide : c'est revivifiant et ça raffermit ! Le combo gagnant.

Glou, glou

Il n'y a pas que les crèmes pour avoir une jolie peau et se sentir belle. Boire beaucoup d'eau est l'une des meilleures façons de t'assurer que ta peau sera correctement hydratée.

Deviens une espionne de choc

Et si tu fondais un club d'espionnes avec tes copines ? De quoi discuter partout en totale discrétion ou mener des enquêtes passionnantes sur les gens qui vous entourent !

TOUT POUR FONDER LE CLUB

- Choisis les bonnes personnes.
  Réunis des copines rigolotes, sympas, gentilles. Bref, des filles qui te ressemblent !

- Trouvez un nom pour votre club.
  Chacune donne ses idées en vrac et vous allez vite finir par tomber d'accord. Il y a plein d'idées, à vous de chercher !
  Spy Power (le pouvoir des espionnes), Mission Espions, Agents 008...

- Trouvez-vous aussi une devise, c'est amusant ! « Espionne un jour, espionne toujours », « Motus et bouche cousue », « Pas de traces, c'est la classe », « Oui aux mouchards, non aux cafards »...

L'ENTRAÎNEMENT

Mets tout de suite en application tes talents d'espionne avec des jeux rigolos. Choisissez l'espionne, les autres restent côte à côte. Pendant dix secondes, l'espionne observe les autres joueuses, puis elle tourne le dos (ou ferme les yeux). Les autres joueuses ont deux minutes pour changer un détail de leur tenue ou de leur coiffure. L'espionne se retourne et doit trouver quel détail a changé. De quoi vous entraîner à avoir un sens de l'observation parfait !

DISCRÉTION OBLIGE

Choisissez une personne que vous connaissez toutes, mais pas très bien. Vous avez une semaine pour lui soutirer un maximum d'informations le plus discrètement possible sans éveiller ses soupçons : sa date de naissance, son plat préféré, son meilleur ami… Celle qui a noté le plus grand nombre d'informations est nommée « espionne en chef ».

JEU DE RÉCRÉ

Réunissez tout le club d'espionnes et tentez de découvrir le personnage mystère. L'espionne en chef choisit dans sa tête une personne qui vous entoure (à la récré, dans un parc…). Les autres espionnes doivent lui poser des questions pour tenter de deviner l'identité du coupable secret, mais l'espionne en chef n'a pas le droit de parler. Signes, mimes ou murmures sont permis !

LA ROUE CODE SECRET

Découpe et monte la roue de la page 123. Tu n'as plus qu'à rédiger ton message !

LE CODE CRAYON POINTU

Superpose deux feuilles de papier et rédige ton message sur la première en appuyant fortement sur un crayon à papier. Déchire la première feuille en petits morceaux et jette-les. Fais passer la deuxième feuille à ta copine qui n'aura qu'à crayonner doucement le papier pour voir apparaître ton message.

LE CODE DE TROP

Il te suffit d'intégrer une lettre en plus à ton message.

Par exemple avec le M :
MLmémo mmemst tmrmop mbmemau !

Léo est trop beau !

LE CODE ALPHABET

Remplace chaque lettre de ton message par la suivante dans l'alphabet. Pour le déchiffrer, ta copine n'aura qu'à faire l'inverse.

Par exemple :
CPOKPVS MFB

Bonjour Léa.

LE CODE LANGAGE DES SIGNES

Si vous devez discuter sans dire un mot, prévoyez un code avec vos doigts.

Par exemple :

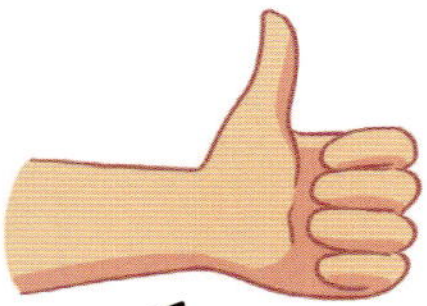

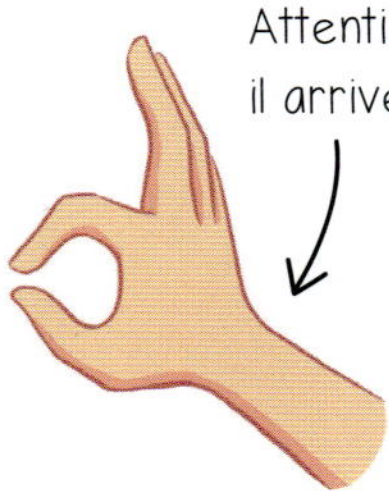

LE CODE CHIFFRES

Tu peux remplacer certaines lettres de ton message par le nombre correspondant à sa place dans l'alphabet : ton message deviendra alors illisible.

R5N4E26-V 15US/ 1PR5S/ 12A/3A 14T9N5.

Rendez-vous après la cantine.

Préviens tes copines du code que tu vas utiliser pour leur envoyer prochainement des messages secrets, ou tu risques de ne jamais te faire comprendre !

LE MESSAGE INVISIBLE

Si tu veux écrire un message à l'encre invisible, il te suffit d'utiliser un Coton-Tige comme crayon et du jus de citron comme encre.

Pour que ta copine puisse déchiffrer ton message, elle n'aura qu'à le placer près d'une source de chaleur : bougie, radiateur, sèche-cheveux… Magique !

AH, L'AMOUR !

S'il y avait une seule recette pour trouver le garçon parfait et l'amour toujours, ce serait plus simple !

COMMENT LUI DIRE ?

Inutile de te lancer dans une tirade, dans une grande déclaration d'amour enflammée, il y a peu de chances que cela puisse fonctionner. Des petits messages sont parfois plus efficaces qu'un grand discours. Si tu ne te sens pas l'âme d'une aventurière, passer par un messager peut toujours aider. Demande à une copine digne de confiance de tâter le terrain. Ce sera plus simple pour toi après de passer à l'action !

CHACUN FAIT CE QU'IL LUI PLAÎT

La règle d'or est de rester toi-même. Rien de pire pour un garçon qu'une fille qui est toujours d'accord avec lui ! Il aime peut-être monter aux arbres ou jouer en réseau avec ses copains, mais cela ne signifie pas forcément que c'est ce qu'il veut faire avec une fille. Chacun ses goûts !

Look at me

Point de vue look, c'est pareil. Ce n'est pas parce que le garçon en question a un look de surfeur qu'il n'aime que les surfeuses ! Alors reste belle au naturel et, s'il craque pour toi, ce sera pour ce que tu es vraiment.

QUE FAIRE S'IL N'EST PAS OU PLUS AMOUREUX DE TOI...

Rien de pire que tes copines qui tentent de te remonter le moral à coups de « Je te l'avais dit », « Il n'était pas pour toi », « De toute façon, je le trouvais bizarre », « Un de perdu, dix de retrouvés »... Peut-être l'as-tu aimé et tu sens ton cœur complètement brisé. Les sentiments ne sont pas réciproques et tu as du mal à te sortir ce garçon de la tête. Change-toi les idées ! Ne reste pas sans rien faire, à rêver de lui, allongée sur ton lit. Fabrique des bracelets, dessine, écris, lis, va faire du shopping ou voir un film au cinéma. Fais ce que tu aimes et appuie-toi sur tes copines qui seront sûrement là pour toi. Dur à croire mais tu en rigoleras plus tard !

AU TOP

10 animaux à aimer quand on est une fille au top

Voici un top 10 des animaux préférés des filles…

1 Le cheval

Parce qu'il est beau, fort et gracieux, et que l'équitation, c'est notre dada !

2 Le dauphin

Parce qu'il est très intelligent et qu'on rêve toutes de nager avec lui !

3 Le chien

Parce que c'est le meilleur ami de l'homme et notre plus fidèle compagnon !

4 Le chat

Parce qu'il est mystérieux, doux, tendre et indépendant et qu'on adore se blottir contre lui.

5 Le lapin

Parce qu'il est tout doux et que son petit nez nous fait craquer.

6 Le lion

Parce que c'est le roi de la jungle, qu'il nous fait peur mais qu'il nous fascine aussi.

7 Le hamster

Parce qu'on peut le regarder des heures s'amuser dans une roue comme s'il était dans un parc d'attractions !

8 Le panda

Parce que c'est une espèce en voie de disparition et qu'il ressemble à un gros nounours tout gentil.

9 Le flamant rose

Parce qu'il représente la grâce et l'élégance et qu'un animal rose, ça ne se trouve pas à tous les coins de rue !

10 Le furet

Parce qu'il est petit et mignon et qu'on peut très facilement l'éduquer.

ZEN attitude

Les bienfaits du massage

N'attends pas d'avoir une bonne âme sous la main pour avoir droit à un massage !

Les pieds

Après une grosse journée ou un cours de sport un peu trop intense, fais rouler une balle de tennis sous la plante des pieds pour te délasser.

Mal de tête

Colle l'index et ton majeur de chaque main l'un contre l'autre. Masse tes tempes et ta nuque en faisant des petits mouvements circulaires.

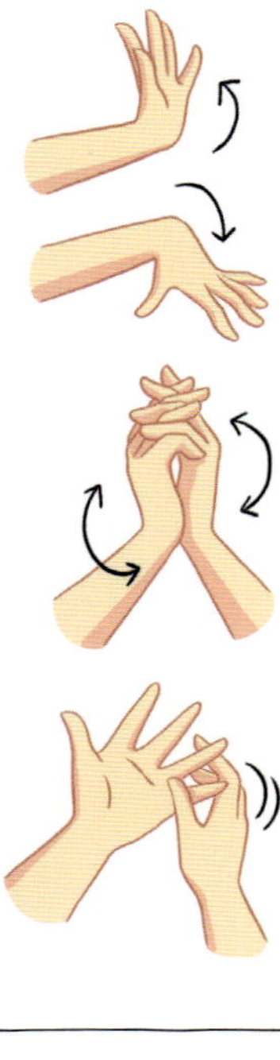

Les mains

On les oublie souvent, pourtant se masser les mains fait du bien ! Commence par « casser » ton poignet dans un sens puis dans l'autre. Fais de même avec l'autre poignet. Croise les mains et fais bouger tes poignets par des mouvements de rotation. Puis, masse-toi chaque doigt l'un après l'autre du bas jusqu'au bout de l'ongle.

Les épaules

Roule et déroule les épaules d'avant en arrière, puis d'arrière en avant, puis l'une après l'autre !

Le sais-tu ?
Se tenir courbée réduit de 30 % tes capacités respiratoires, une bonne raison de relever la tête et de te tenir le dos droit !

DIY

DES POMPONS TOUT MIGNONS

Les pompons, c'est doux, c'est joli
et c'est si facile à fabriquer !

IL TE FAUT :

- un compas ou deux formes rondes de tailles différentes
- du carton
- un crayon à papier
- une paire de ciseaux
- de la laine

1

Trace deux cercles de tailles différentes sur le carton, comme si tu dessinais une rondelle d'ananas. Fais la même chose une seconde fois.

2

Découpe les anneaux et évide le milieu de manière à obtenir deux rondelles. Superpose les deux rondelles.

3

Noue le début du fil de laine aux rondelles superposées.

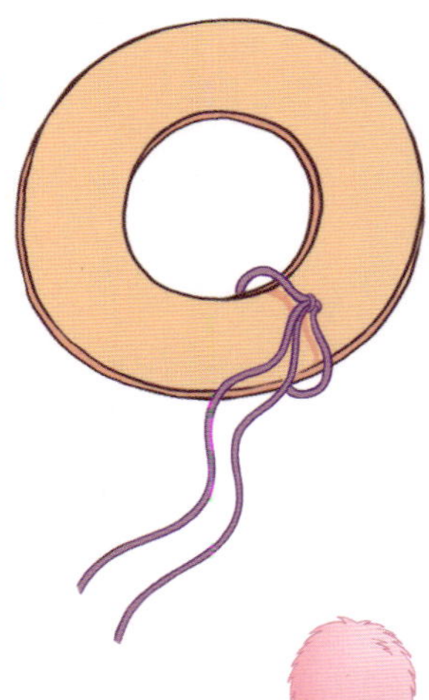

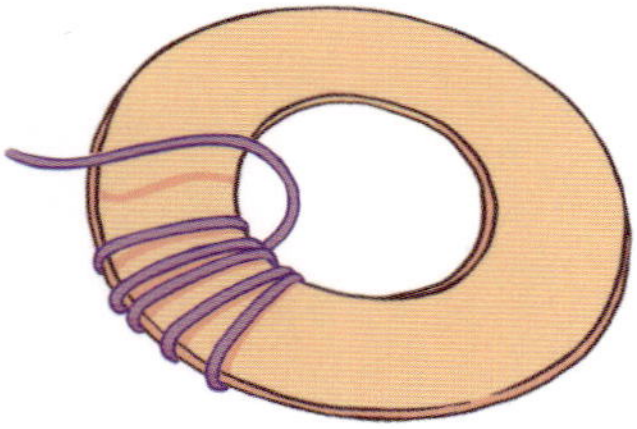

4

Enroule la laine dans les anneaux jusqu'à ne plus pouvoir passer dans le trou.

5

Glisse la pointe des ciseaux entre les deux rondelles et découpe les brins de laines uniquement sur les bords extérieurs.

6

Passe un grand fil de laine entre les deux anneaux (là où tu as découpé), serre fort et fais un nœud.

7

Déchire le carton délicatement et enlève-le complètement. Coupe les brins qui dépassent pour égaliser un peu la boule. Et voilà, ton pompon a pris forme !

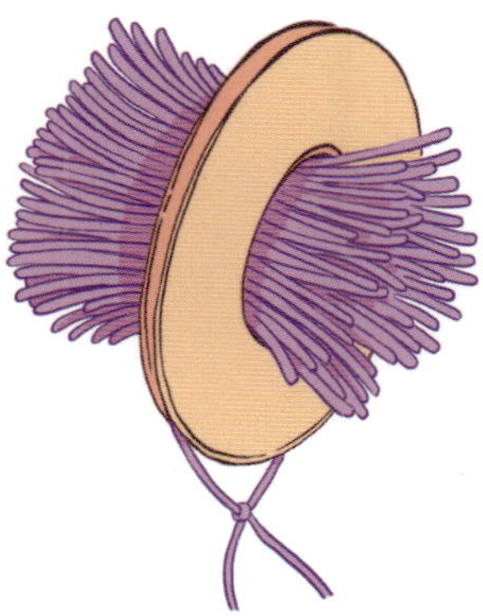

ASTUCE

Tu peux utiliser de la laine de plusieurs couleurs pour créer des pompons originaux et tout customiser : un sac, des ballerines, une ceinture, les rideaux de ta chambre, un coussin... ou te fabriquer des petits animaux mignons en collant des yeux mobiles.

ELLES l'ont fait !

MISSION CUISINE

Envie de devenir un vrai cordon-bleu ? Voici quelques astuces pour avoir envie de mettre un pied dans la cuisine !

Des aliments frais et variés

Dans la mesure du possible, essaie d'utiliser des produits frais que tu auras toi-même choisis au marché avec tes parents. Faire les courses est la première étape et c'est déjà un régal pour les yeux de découvrir les étals aux mille couleurs.

Découper

Une des bases du commis de cuisine est de savoir éplucher et couper les légumes. Alors, pour couper en rondelles, en quartiers ou en tranches, entraîne-toi avec un bon couteau et une planche tout en faisant attention à ne pas te trancher les doigts !

L'assaisonnement

On dirait un petit détail mais ça change tout ! Salé, sucré, poivré, épicé : apprends à goûter aux différentes saveurs et vois ce que ça peut apporter à tes plats. Curry, cannelle, coriandre, ciboulette, persil, bouquet garni permettent de mettre en valeur le goût d'un aliment.

Beurk !

Sais-tu qu'il faut goûter entre dix et quinze fois avant d'apprécier un aliment qu'auparavant on n'aimait pas ? Ça vaut le coup d'essayer !

Trop bon et facile à réaliser

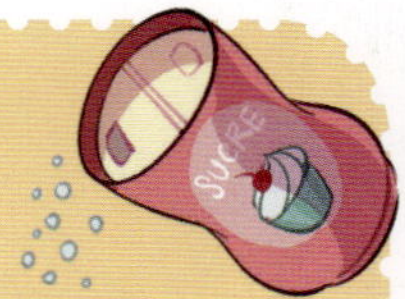

Maintenant tu as les bases pour inventer une recette comme une grande chef étoilée. Laisse-toi aller !

- Purée maison et jambon
- Gratin de macaronis au fromage
- Croque-monsieur salade
- Mousse au chocolat
- Cookies
- Muffins
- Mug cake

Julia Sedefdjian

La chef qui met les petits plats dans les grands !

Quand on parle de chef cuisinier, on pense toujours à un homme avec une toque sur la tête. Mais non, il existe aussi des femmes chefs de renom ! Julia Sedefdjian en fait partie quand elle décroche en 2016, à l'âge de 21 ans, une étoile tant prisée au *Guide Michelin*. Cette récompense lui vaut le titre de « plus jeune chef étoilé de France », rien que ça ! D'origine niçoise, Julia concocte des petits plats méditerranéens qui mettent les papilles en éveil rien qu'à l'évocation de leur nom : cannelloni, bouillabaisse, sablés fenouil, chocotube... Elle a ouvert son restaurant à Paris en 2018, le *Baieta*, mot qui signifie en patois niçois « petit bisou ».

DÉFIS en tout genre

Défi famille : déconnecter pour se reconnecter

Parfois trop sur ton dos, de temps en temps un peu trop curieux, tes parents et tes frères et sœurs seront pourtant toujours là pour toi, alors prends soin d'eux.

Fais-toi un week-end détox

Laisse ton portable bien à l'abri au chaud dans un tiroir durant deux jours et prévois des jeux de société en famille et des rigolades avec tes frères et sœurs. Prends l'habitude de ne pas systématiquement tout regarder sur Wikipédia mais pense aux dictionnaires ou tout simplement à un puits de science que tu as sous la main : tes parents ! Questionne les adultes, demande-leur comment c'était avant, comment ils faisaient pour parler à leurs copains, comment ils prévenaient qu'ils allaient être en retard… Tu verras, parfois c'est marrant !

Partage tes jeux !

Les jeux vidéo font partie de ton univers alors, au lieu de t'isoler pour combattre des monstres dans ta chambre, propose une après-midi défi en famille. Ouvre ton univers à tes parents et à tes frères et sœurs pour qu'ils te comprennent mieux.

Le sais-tu ?

47 % des joueurs de jeux vidéo sont en fait… des joueuses !

Les réseaux, c'est trop beau

Si l'on ne peut pas s'inscrire sur certains réseaux sociaux avant 13 ans, il y a une bonne raison. Les règles du monde réel s'appliquent aussi dans le monde virtuel. Alors attention à ce que tu dis et à ce que tu regardes. Si une conversation s'envenime, si l'on te pose des questions trop personnelles ou que l'on te demande ton adresse... STOP ! Préviens tes parents.

Un temps pour tout

Pour éviter bien des ennuis, fixe avec tes parents les règles d'utilisation de ton portable à l'avance (en début d'année, par exemple). Sur une feuille de papier, note les jours, les moments et les durées dans la semaine où tu es autorisée à te brancher !

Opération... rangement !

Comment faire du tri dans ton armoire ?

Petite détente entre copines

C'est bien beau de trier ses vêtements, mais rendons tout ça un peu amusant. Dépose tous les vêtements dont tu ne veux plus au milieu de ta chambre. Mettez-vous en culotte et en tee-shirt, et bandez-vous les yeux. À vos marques, prêtes, partez ! La plus rapide à se confectionner une tenue a gagné !

Recycle tes anciens vêtements

Un vieux tee-shirt sera parfait pour ton prochain atelier peinture, une robe fleurie trop petite peut être découpée et transformée en joli foulard, un jean trop court devient un petit short en jean trop *fashion*.

Donne-leur une seconde vie

Pas question de mettre aux ordures ménagères tes vêtements. Ils méritent mieux que ça ! S'ils ne conviennent ni à quelqu'un de ta famille ni à tes copines, donne-les à des associations près de chez toi.

Modeuse

Accorder les tenues entre elles, c'est tout un art. Mais une fois que tu auras fait du tri dans ton placard, tu pourras mieux observer les combinaisons qui « matchent ». Un petit haut blanc avec l'inscription « Super star » ira aussi bien avec ta jupe, ton jean bleu, ton short rouge ou un legging. Hop, quatre combinaisons avec un seul haut.
Tu peux noter dans un carnet ton top des meilleures associations. Et un matin, en manque d'inspiration, tu seras contente de pouvoir y jeter un coup d'œil pour te trouver la tenue parfaite.

Dressing détox

Connais-tu la *dressing détox* ?
Le concept est de ne garder que les pièces essentielles de ta garde-robe. On ne garde plus les choses « au cas où ».
Alors si c'est trop petit, trop moulant, pas confortable ou trop décolleté, au revoir !
Te débarrasser de ce qui t'encombre fait du bien au moral et te permettra peut-être d'arrêter de répéter devant ton armoire : « Pfff... Je n'ai rien à me mettre ! »

MAÎTRISE TA COLÈRE

On t'a quelque peu titillée, énervée, agacée... Tu sens le rouge te monter aux joues, tu as envie de crier, hurler, taper, te défouler ? Relax ! Il y a toujours des idées pour rester zen !

Idée 1
ISOLE-TOI

Pour ne pas dire de mots qui dépassent ta pensée ni agir comme une furie, l'une des solutions peut être tout simplement de t'éloigner de la personne qui a mis tes nerfs à rude épreuve.

Idée 2
RESPIRE

Inspiration, expiration, relaxation. Respirer va permettre de t'oxygéner et de faire redescendre la pression. Après, tu pourras t'exprimer.

Idée 3
RELATIVISE

Si tu t'énerves et que la personne en face de toi fait de même, il y a de fortes chances que vous n'arriviez ni à vous entendre ni à communiquer. Alors, avant de hurler, pose-toi la question : « Est-ce vraiment très, très grave ? »

Idée 4
IDENTIFIE

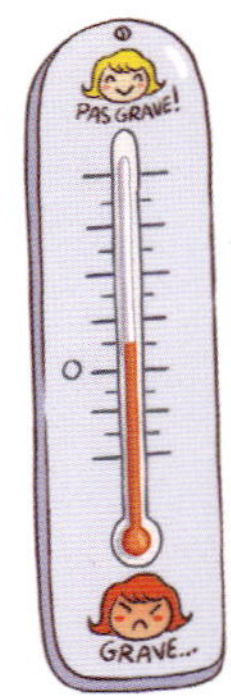

En cherchant à identifier les causes qui te mettent en colère, tu apprends à mieux te connaître. Tu pourras alors anticiper tes réactions la prochaine fois. Si, par exemple, tu ne supportes pas d'être dérangée pendant tes devoirs, signale à ta famille que tu vas t'y mettre et qu'il ne faut t'interrompre sous aucun prétexte pendant ce temps-là.

Idée 5

MAÎTRISE LE TON

Le ton que l'on emploie a une grande importance. Entraîne-toi devant une glace à dire sur tous les tons (de la plaisanterie, de la blague, de la vacherie, de la méchanceté, de la colère) : « Tu es bête » ; et tu verras comment ton visage change selon l'intonation employée.

Idée 6

EXPLIQUE-TOI

Une fois que la pression est redescendue de tous les côtés, il est bon d'avoir une petite explication. Mettre les choses à plat te permettra de mieux gérer tes émotions la prochaine fois ! Et parfois, il s'agit juste d'un malentendu.

ELLES l'ont fait !

MISSION AVENIR

Avoir un but dans la vie, des projets pour son avenir, des rêves plein la tête... Voici des pistes en fonction des matières que tu aimes.

Que vais-je faire plus tard ?

Français : journaliste, écrivain, métiers de la communication, avocat, etc.

Langues : traductrice, interprète, guide touristique, linguiste, etc.

Sciences et technologie : métiers manuels, fleuriste, mécanicienne, conductrice de travaux, agricultrice, etc.

Histoire-géographie : paléontologue, cartographe, conservatrice de musée, volcanologue, etc.

Mathématiques : comptable, ingénieur, trader, médecin, biologiste, etc.

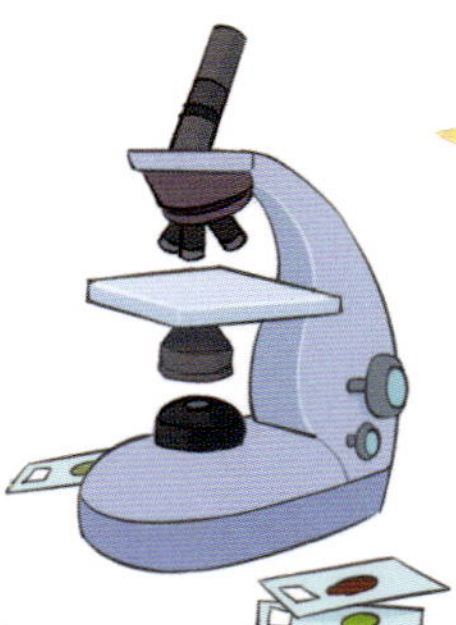

Marie Curie

Le talent scientifique n'est pas réservé aux hommes !

Marie Curie, née en 1867 à Varsovie, est la seule femme à avoir obtenu deux prix Nobel. Elle reçoit tout d'abord avec son mari, Pierre Curie, le prix Nobel de physique pour leurs travaux sur la radioactivité en 1903. Puis, huit ans plus tard, elle obtient le prix Nobel de chimie pour avoir montré que le radium était un métal. Et pourquoi pas toi ?

Mais quoi qu'il arrive, tu as encore largement le temps. Ton avenir est devant toi, alors si tu sais déjà ce que tu veux faire plus tard, super, suis ton chemin. Si tu n'en as pas la moindre idée, laisse-toi porter et peut-être que tout s'éclaircira bientôt... Pour l'instant, ton métier c'est « écolière » et c'est déjà un travail à temps plein !

DIY

Des bijoux fous, fous, fous

Et si tu fabriquais de jolis bracelets ?
À offrir ou à porter, à toi de créer !

IL TE FAUT :

- des feuilles de plastique magique (à trouver en magasin de loisirs créatifs)
- un crayon à papier
- un feutre noir
- des feutres ou des crayons de couleur
- une perforatrice
- un cordon ou un ruban

1

Décalque au crayon à papier le dessin de ton choix sur la face rugueuse de la feuille de plastique magique. Commence par les contours, puis repasse au feutre noir.

2

Colorie au feutre ou au crayon de couleur.

3

Découpe et troue ton dessin à la perforatrice aux endroits indiqués par un ◌.

4

Préchauffe le four pendant 5 à 10 minutes thermostat 5 (150 °C). Enfourne ta forme, le côté brillant face à toi et laisse cuire 1 à 2 minutes en surveillant la cuisson. La forme va se tordre dans tous les sens, c'est normal.

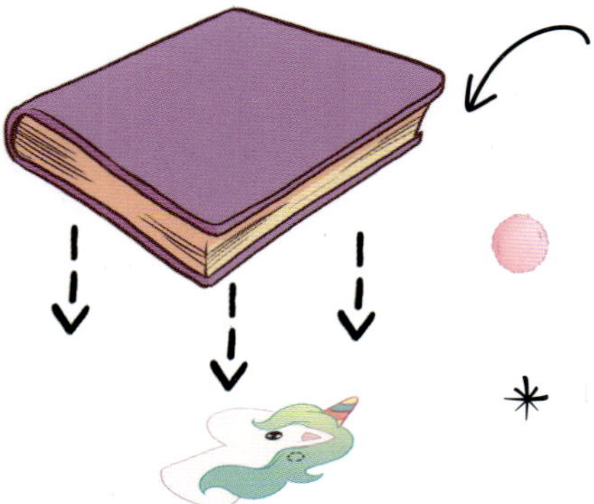

5

Quand la forme redevient plate, c'est cuit ! Attends bien que le plastique magique soit redevenu complètement plat pour le sortir. Dépose ta forme sur un plan de travail propre et pose un gros livre dessus pour bien l'aplatir. Laisse refroidir.

ASTUCE

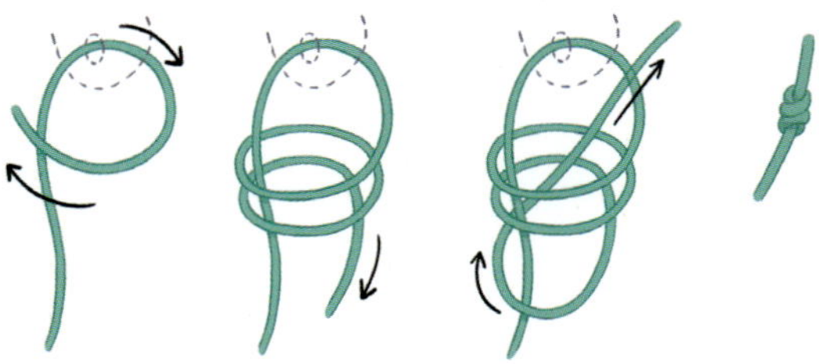

Pour faire un bracelet qui s'ouvre et qui se ferme, enfile ton cordon dans le premier trou, fais une boucle deux fois et glisse le bout de cordon dans la boucle. Fais de même de l'autre côté et coupe les morceaux de cordon qui dépassent. Tu peux demander à un adulte de chauffer les nœuds avec un briquet pour les consolider.

6

Glisse un cordon ou un ruban dans la forme cuite. Et voilà !

Un menu 100 % frousse

Bienvenue au royaume de la cuisine cracra ! Tout est comestible, mais il faudra avoir du courage pour aller au-delà des apparences...

ENTRÉE
UN SEAU D'ASTICOTS

Il te faut
(pour 2 personnes) :
- 1 concombre
- 1 boîte de pousses de soja
- de la vinaigrette

1. Coupe le concombre en tronçons.
2. Évide la moitié de l'intérieur de chaque tronçon et glisses-y des pousses de soja.
3. Arrose de vinaigrette.

PLAT
DES YEUX DE BICHE

Il te faut
(pour 1 personne) :
- 1 œuf
- quelques brins de ciboulette
- de la mayonnaise
- 1 olive

1. Fais cuire l'œuf dans une casserole d'eau bouillante durant 10 minutes. Puis sors-le de la casserole et laisse-le refroidir.
2. Après l'avoir écalé, coupe l'œuf en deux dans la longueur et dépose au milieu du jaune une rondelle d'olive pour faire la pupille.
3. Coupe les brins de ciboulette et dépose-les au-dessus des yeux pour faire les cils.
4. Dépose quelques gouttes de mayonnaise sous les yeux pour faire des larmes.

PLAT

DES MOMIES SAUCISSES

Il te faut
(pour 4 personnes) :
- 8 saucisses
- de la pâte feuilletée ou de la pâte à pizza
- de la mayonnaise
- 1 olive

1. Préchauffe le four à 180 °C.
2. Découpe des bandelettes fines de pâte feuilletée. Enroule la pâte autour des saucisses.
3. Enfourne pendant 15 minutes sur le papier cuisson fourni avec la pâte feuilletée. Quand c'est cuit, sors tes saucisses du four et laisse refroidir.
4. Dépose sur chaque saucisse deux pointes de mayonnaise pour faire les yeux et deux petits morceaux d'olive pour faire la pupille.

DESSERT

UNE POMME REMPLIE DE VERS

Il te faut
(pour 1 personne) :
- 1 pomme
- des bonbons CAR en SAC®

Découpe la pomme en quartiers et fais-leur des entailles pour glisser des CAR en SAC® blancs.

Bon appétit bien sûr !

Fais ta star !

Envie de chanter et de danser en toute liberté ? Apprends tout ce qu'il te faut pour faire ton show avec tes copines !

NOM DE SCÈNE

Avant de vous lancer, vous devez trouver votre nom de scène. Voici quelques mots à assembler pour trouver le nom parfait !

☆ Silver ☆ Fiesta ☆ Music ☆ Rock ☆ Pop

☆ Star ☆ Magie ☆ Rose ☆ Pep's ☆ Girls

☆ Best ☆ Amies ☆ Vie ☆ Voice ☆ Super

Cela peut aussi être vos initiales ou le début de vos prénoms assemblés...

Lison + Delphine + Lou
= *Loudelie*

... ou encore un lieu qui vous plaît (School Girls), un nom de ville (Best Venise), une personnalité historique (les Vivaldiques)...

RESPIRATION & POSTURE

Travaille ton souffle : yoga, course à pied, vélo, natation... Tous les prétextes sont bons pour bien respirer ! Tiens-toi droite : imagine que tu es une marionnette et que quelqu'un te tire par un fil situé au-dessus de ta tête.

CRÉE TA CHANSON

Pas besoin d'en faire des tonnes. Un bon refrain et deux couplets font largement l'affaire. Apprenez votre texte par cœur, répétez, trouvez le bon rythme. Vous ne vous sentez pas l'âme créative ? Prenez une chanson que vous connaissez bien, écoutez-la attentivement chacune de votre côté et notez les idées de chorégraphies qui vous viennent en entendant les paroles. Ça peut être se recroqueviller sur soi-même pour évoquer la peine, sauter les bras en l'air pour évoquer la joie, etc. Puis, réunissez vos idées et répétez votre spectacle !

ARTICULATION

Une star de la chanson doit avoir une bonne élocution. Chacune votre tour, mettez trois marshmallows dans la bouche et tentez de chanter votre refrain préféré... sans cracher ! Fou rire assuré. Tu peux aussi t'entraîner avec des virelangues, très bons pour travailler l'élocution. Par exemple, dis le plus rapidement possible sans buter sur les mots : « Tu t'entêtes à tout tenter, tu t'uses et tu te tues à tant t'entêter » ou « Un chasseur sachant chasser doit savoir chasser sans son chien ».

SOUPLESSE

Pour être une star complète, dynamique et sportive, entraînez-vous ! Deux d'entre vous tiennent un balai horizontalement à hauteur d'épaule. Chacune votre tour passez sous le balai le ventre en avant. Mais attention, progressivement, le balai va descendre et cela deviendra de plus en plus difficile !

FLOSS DANCE

Tu connais forcément la « floss dance » aussi appelée le « flossing » ou « backpack kid » (= danse de l'enfant au sac à dos), inventée par un jeune Américain de 16 ans et qui a fait le tour des réseaux sociaux avant d'être reprise par toutes les célébrités. Eh bien, c'est à ton tour de créer le buzz ! Invente toi aussi une chorégraphie toute simple mais qui permet de se déchaîner.

Voici quelques idées :

- Les mains au-dessus de la tête et déhanche-toi.
- Laisse d'abord les bras le long du corps, puis claque des mains au-dessus de la tête en sautant.
- Accroupis-toi et hop ! saute les doigts tendus vers le ciel.

FAITES-VOUS JOLIES

Une tenue de scène, c'est important ! Vous pouvez, par exemple, choisir chacune une couleur ou au contraire uniformiser votre tenue : un jean pour chacune, un tee-shirt de la même couleur et un accessoire-rappel.

GÉREZ LE TRAC

C'est tout à fait normal et même recommandé d'avoir peur avant de monter sur scène ! C'est ce qui te permet de donner encore plus d'énergie à ton public. Alors pas de panique et en avant !

DANSEZ ET ÉLECTRISEZ LA PISTE

Maintenant que vous avez bien répété et que vous êtes parfaitement calées, place au spectacle ! Savourez ce super moment entre copines. Vous en garderez d'excellents souvenirs !

AU TOP

10 astuces pour être toujours de bonne humeur

Voici des petites recettes pour cultiver sa bonne humeur en toute simplicité !

1 Lève-toi du pied droit

Quand ton réveil sonne, prends le temps de bien t'étirer avant de sortir de ton lit douillet.

2 Un bon petit déj'

Prends le temps de préparer un petit déjeuner équilibré : un produit laitier, des céréales ou des tartines, un jus d'orange ou un fruit. À toi de voir ce qui te fait plaisir et envie !

3 Le verre à moitié plein

On pense souvent à dire ce qui ne va pas, mais pas assez à exprimer sa joie. Pourtant, le bonheur est communicatif. Alors n'hésite pas à l'exprimer !

4 Ton plus beau sourire

Aujourd'hui, tu es particulièrement de bonne humeur... Alors montre-le et souris au monde entier. Et n'oublie pas ce petit proverbe : « La vie est courte, souris tant que tu as des dents. »

5 Relativise

Ta meilleure copine Lisa n'est pas venue à ton anniversaire ? Cherche à comprendre d'où vient le souci plutôt que de laisser la situation s'envenimer.

6 Organise ton planning

Souvent, la mauvaise humeur peut venir de l'ennui, mais il y a des solutions ! Organise chaque dimanche un planning de la semaine à venir en notant en rose les choses que tu aimes faire et en vert ce que tu n'aimes pas faire. Ton planning doit comporter plus d'activités roses que vertes !

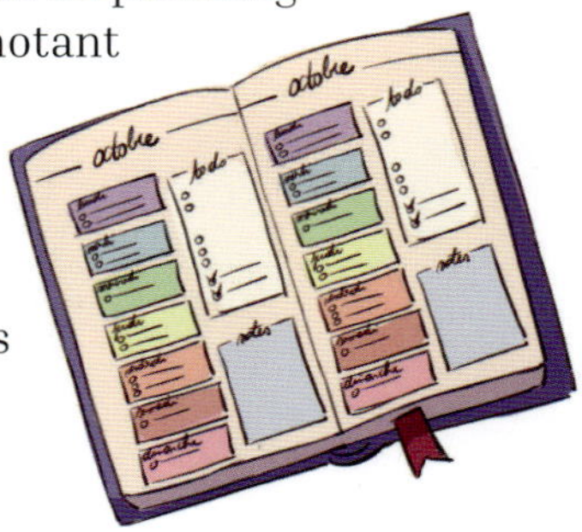

7 Fais du sport

C'est peut-être la dernière chose que tu aies envie de faire quand tu es déprimée ? Et pourtant c'est le meilleur moyen de retrouver sa bonne humeur. Alors un peu de nerf, et on met son nez dehors !

8 Reste zen

Tes parents sont souvent derrière toi à te dire de ranger ta chambre, faire tes devoirs... Mais dis-toi (même si ce n'est pas évident) que c'est pour ton bien et cherche à éviter le conflit. Pareil avec tes frères et sœurs : sois cool !

9 Confie-toi à ton journal intime

Décharge-toi sur ton carnet et surtout essaie de noter une pépite chaque jour : un petit truc ou une grande aventure qui t'est arrivée et qui a embelli ta journée.

10 Bonne nuit !

Pense à toutes les belles choses qui t'attendent le lendemain. Et n'oublie pas qu'une nuit réparatrice est nécessaire à la bonne humeur. Allez, au lit !

Les défis de l'année

Une bonne année est une année où l'on fait tout pour s'éclater. Pour les copines, ta famille, toi-même ou à l'école, à toi de jouer : tu peux ajouter un peu de piment dans de nombreux moments. Voici comment...

Défi 1

Aujourd'hui, dis « bonjour » au plus grand nombre de personnes.

Défi 2

Prends un selfie avec une personne âgée rencontrée dans la rue.

Défi 3

Mange dans la même journée trois aliments que tu n'aimes pas.

Défi 4

Écris des lettres, des cartes postales ou des petits mots à chaque membre de ta famille et envoie-leur de tes nouvelles.

Défi 5

Trouve le plus long cheveu possible.

Défi 6

Regarde un coucher de soleil (jusqu'au bout !).

Défi 7

Recouvre un bras entier de tatouages éphémères ou de bijoux de peau. À faire pendant les vacances !

Défi 8

Passe toute la journée en pyjama.

Défi 9

Fais ton pain toi-même. Quelle fierté et que c'est bon, un pain tout chaud !

Défi 10

Cherche des galets ou des cailloux et trouve pour chacun à quoi il ressemble. Note son nom dessus avec de la peinture.

Défi 11

Organise une chasse au trésor pour tes petits cousins ou tes frères et sœurs. Tu t'amuseras autant qu'eux !

Défi 12

Fais un bracelet avec des marguerites cueillies dans un pré.

Défi 12

Enfile deux chaussettes dépareillées et porte-les toute la journée (astuce : dans des bottes, ce sera ni vu ni connu !).

Défi 14

Vernis tes ongles avec une couleur différente pour chaque doigt.

Défi 15

Allonge-toi dans l'herbe et observe la course des nuages. Fais le vide dans ta tête pour faire le plein d'énergie ! Imagine plein de formes différentes : un nuage mouton, un nuage cœur…

Défi 16

Va chercher le pain à la boulangerie en marche arrière.

Défi 17

Observe une colonie de fourmis pendant un long moment. C'est fascinant…

Défi 18

Organise un concours de cuisine avec les membres de ta famille.

Défi 19

Change de coiffure : des barrettes, un serre-tête, un chignon, un bandeau… Essaie toutes les solutions et trouve la combinaison gagnante !

Défi 20

Change toute l'organisation de ta chambre : les meubles et la déco.

Défi 21

Prends un bain avec trois tonnes de mousse.

Défi 22

Fais un concours du plus beau bonhomme de neige avec tes copines et terminez en bataille de boules de neige.

Défi 23

Organise une virée shopping avec tes trois meilleures amies.

Défi 24

Offre un cadeau à quelqu'un juste comme ça, sans occasion particulière.

Défi 25

Même s'il n'y a pas de panne de courant, propose à tes parents une soirée sans électricité comme au bon vieux temps. Bougies, pique-nique… Bonne ambiance assurée !

Défi 26

Fais le tour du pâté de maison avec les vêtements de ta mère ou de ta sœur.

Défi 27

Recouvre le mur de ta chambre avec des post-it (et repositionne-les après, sinon c'est du gaspillage !).

Défi 28

Chaque lundi, élis la reine de la semaine avec tes copines. C'est elle qui décidera de vos jeux.

ELLES l'ont fait !

MISSION CONFIDENCES

Tu as forcément plein de secrets enfouis au fond de ton cœur. Et si tu couchais sur papier toutes tes idées ?

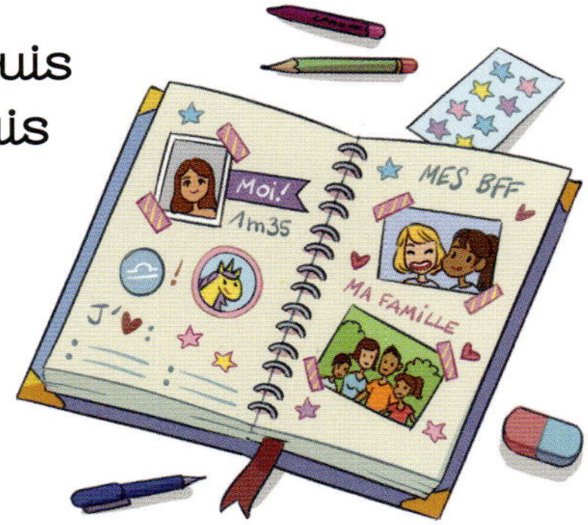

Commence ton journal intime

Prends un carnet, de préférence à spirales pour pouvoir arracher des pages ratées (juste au cas où !). Dis tout sur toi : ton prénom, ton nom, ta date de naissance, ta taille, tes qualités, tes défauts, ton signe astrologique… Colle des photos de toi, de ta famille, de tes copines, de ta chambre. À toi de voir si tu veux dessiner pour illustrer tes journées ou faire des collages, surligner en fluo, etc.

Écris quelques lignes chaque soir, pour faire le point sur ta journée. Fais-le le week-end si tu n'as pas eu le temps avant.

Tu peux tout dire à ton journal intime, tes peurs, tes envies et même un secret que tu as du mal à garder pour toi : confie-le-lui !

Cache bien ton journal intime ! Il raconte toute ta vie, ce serait dommage que ta sœur découvre tous tes secrets…

C'est pour toi que tu écris, donc replonge-toi dans les anciennes pages de temps de temps : tu pourras rire de toi-même ou voir de quelle manière tu as évolué. C'est une bonne idée pour voir le chemin parcouru !

Anne Frank

Le destin tragique d'une jeune fille qui trouve refuge dans l'écriture...

Anne Frank naît en 1929 à Francfort. La guerre est déclarée alors qu'elle n'a que 10 ans. À cette époque, le problème, c'est qu'elle est juive et que les nazis au pouvoir considèrent les Juifs comme la race inférieure. Elle et sa famille quittent donc l'Allemagne pour s'exiler aux Pays-Bas. En 1942, elle vit cloîtrée avec sa famille et quatre autres personnes pour ne pas se faire repérer par les nazis et pour survivre. Deux ans plus tard, la cachette est découverte, tous sont envoyés en camp de concentration. Seul le père d'Anne survivra à la guerre. Il découvre le journal intime de sa fille, dans lequel elle raconte comment elle s'est cachée pendant la Seconde Guerre mondiale. Bouleversé, il décide de le faire publier. Depuis 1947, ce livre a été traduit en plus de quarante langues.

Si tu ne connais pas encore ce récit poignant, rendez-vous en librairie : *Le Journal d'Anne Frank*, édition Le Livre de poche, 7,20€.

DIY

CONSTRUIS UN TIPI

Pour une après-midi confidences
ou une nuit à la belle étoile,
fabrique ton petit nid !

IL TE FAUT :

- 5 branches ou 5 bambous (c'est encore mieux) d'environ 1,50 m
- de la ficelle ou de la corde
- des vieux draps
- une paire de ciseaux
- un petit coin de campagne ou de verdure où camper !

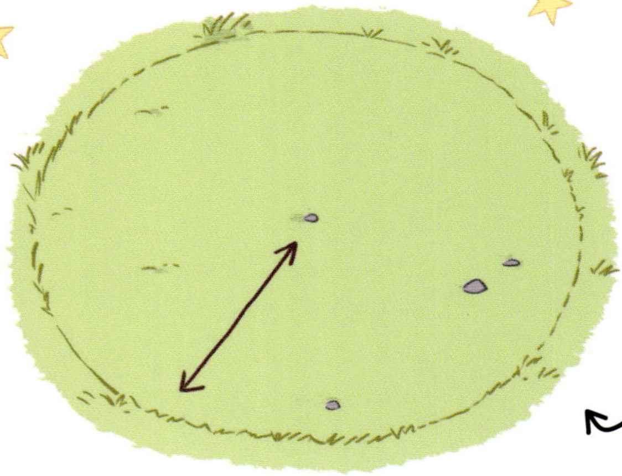

1

Fais place nette en enlevant du sol tout ce qui peut piquer, gratter ou te rentrer dans les pieds. Puis forme, avec la ficelle, un cercle de la taille que tu envisages pour ton abri.

2

Place trois branches
sur le contour du cercle
et attache-les au sommet
avec de la ficelle.

3

Ajoute deux autres
branches pour consolider
et fais de même.

4

Accroche les draps au sommet du tipi,
laisse-les pendouiller et ajuste-les tout autour.
Fais des trous à plusieurs endroits
pour les relier entre eux avec de la ficelle.
N'oublie pas de laisser une place
pour l'entrée.

ASTUCE

Pour un maximum de confort, pense à emporter un oreiller et un tapis de gym à glisser sous ton sac de couchage.

Évidemment, tu peux tenter l'expérience avec une tente toute faite, mais le plaisir ne sera pas le même. Quel bonheur de profiter d'un abri confectionné de ses propres mains !

JEUX en folie

Jeux & histoires qui font peur

Pour une nuit à la belle étoile, il faut peu d'ingrédients : un endroit confortable pour s'allonger, quelques en-cas à grignoter, une ou plusieurs personnes pour t'accompagner, une lampe de poche pour plus de sécurité et, bien sûr, savoir surmonter sa peur !

LOUP, Y ES-TU ?

Désignez un loup et mettez-vous dans le noir. Le loup, qui dit « hou, hou », doit toucher un maximum de personnes pour les transformer en loups. Ces loups doivent à leur tour chercher les personnes restantes en prononçant « hou, hou ». La gagnante est celle qui est touchée la dernière.

L'ambiance

- Pour les verres de tes copines, dessine sur du papier deux petits os pour chaque verre. Varie les détails d'un verre à l'autre (formes, couleurs, etc.). Puis découpe-les et colle-les ensemble sur les pailles pour que chacune reconnaisse son verre.
- Fabrique un squelette à accrocher à la porte de ta tente ou de ta cabane.
- Dissémine des araignées partout : des fausses araignées en plastique ou fabriquées à l'aide de rouleaux de réglisse.
- Achète des biscuits apéritifs monstres.

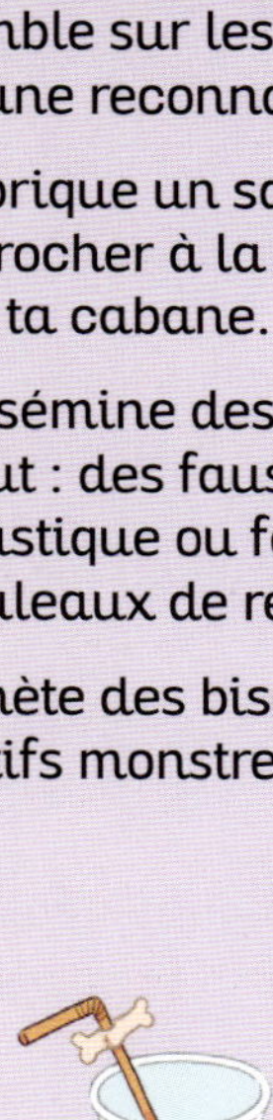

UN PETIT CREUX ?

Sous la surveillance d'un adulte, prépare des brochettes de marshmallows en piquant les guimauves sur des brochettes en bois. Faites-les griller au barbecue, patientez, dégustez !

UNE HISTOIRE À DORMIR DEBOUT

À tour de rôle, chacune invente une histoire réaliste avec le maximum de monstres ou de créatures qui font peur : loups-garous, vampires, zombies, sorcières, fantômes, etc. Raconte l'histoire en tenant une lampe de poche éteinte et termine ton récit à un moment mystérieux ou crucial en rallumant la lampe et en la braquant sur ta copine d'un seul coup ou en la chatouillant avec une plume. Frousse garantie !

Défi sciences

Une jolie nuit étoilée pointe son nez en plein été. Pourquoi ne pas t'allonger dans l'herbe et observer ? Tu verras, c'est fascinant et tu auras presque l'impression de rentrer dans la peau d'un astronome !

Repère les étoiles

Il te faut juste un ciel sans nuage et sans lune, à l'abri des lumières de la ville (et de la pollution !). Idéalement, mieux vaut que ce soit en été, à la montagne. Laisse doucement tes yeux s'habituer à l'obscurité, tu n'as plus qu'à te laisser porter.

Qu'est-ce que l'astronomie ?

L'astronomie, en grec, veut dire « la loi des astres » : c'est donc la science qui cherche à observer les astres, comprendre les étoiles et le Système solaire. On peut observer les étoiles à l'œil nu en regardant le ciel, voir le Soleil qui éclaire la Terre durant le jour, trouver les constellations...

Voici les constellations les plus connues et les plus faciles à observer :

La Grande Ourse que l'on appelle aussi « le Grand Chariot » ou « la Grande Casserole ».

La constellation de la Grande Ourse

La constellation de la Petite Ourse

La Petite Ourse ou « la Petite Casserole », avec l'étoile Polaire à l'extrémité de la queue de la casserole. L'étoile Polaire indique le nord.

Le sais-tu ?

Notre galaxie s'appelle la Voie lactée. Elle compte 234 milliards d'étoiles, pas toutes visibles à l'œil nu car elles sont très éloignées de la Terre.

Cassiopée qui forme un W.

La constellation de Cassiopée

Le Cygne qui forme une croix appelée « Croix du Nord ».

La constellation du Cygne

DIY TON ATTRAPE-RÊVES

Pour t'endormir sereinement, accroche ton attrape-rêves dans ta chambre. Il capte tes doux rêves et détruit tes cauchemars. Il suffit d'y croire !

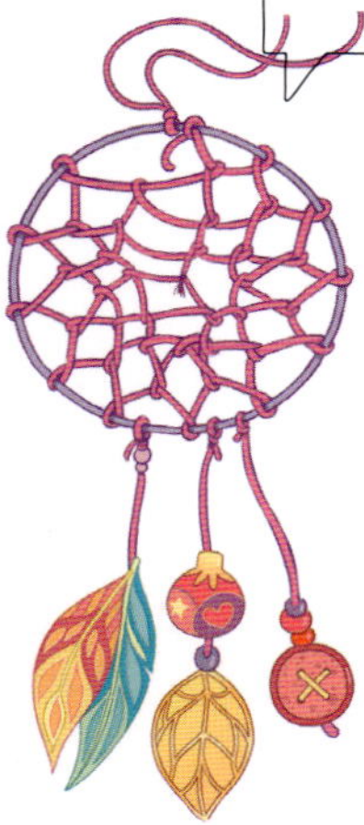

IL TE FAUT :

- un cercle en fer d'environ 20 cm de diamètre (à trouver en magasin de loisirs créatifs)
- 4 m de fil de coton
- de la colle
- une perforatrice
- une paire de ciseaux

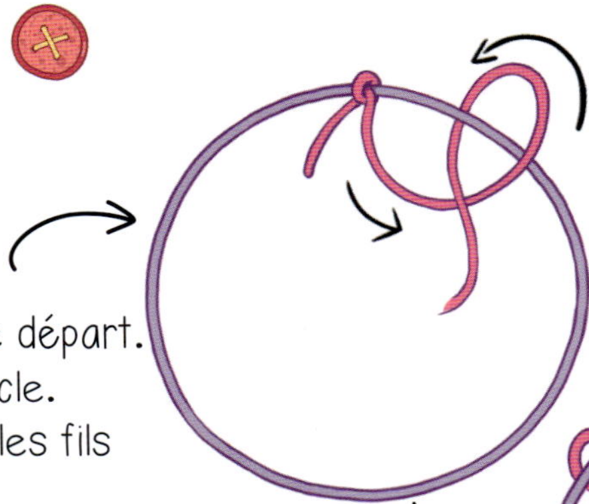

1

Prépare le cercle de départ. Noue le fil sur le cercle. Fais une boule avec les fils (sans les emmêler). Tiens fermement le nœud de départ, et enroule le fil vers l'extérieur du cercle et fais passer ta boule de fil dans le trou obtenu. Tends bien le trait de fil ainsi obtenu.

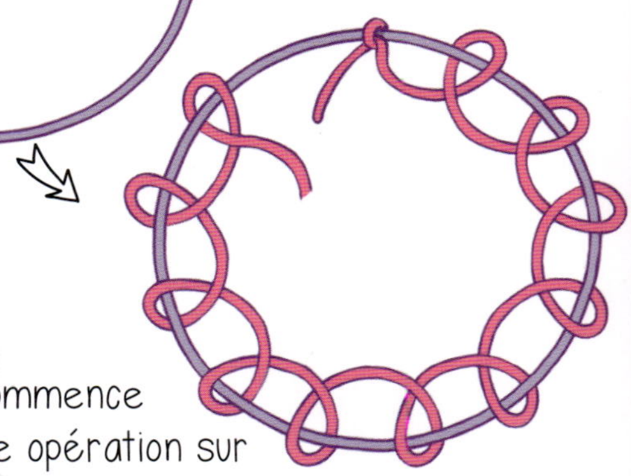

2

Recommence cette opération sur tout le tour du cercle.

3

Quand tu as terminé, tu attaques la deuxième rangée. Fais la même chose en nouant au milieu des traits déjà obtenus. Continue sur tout le tour de la deuxième rangée.

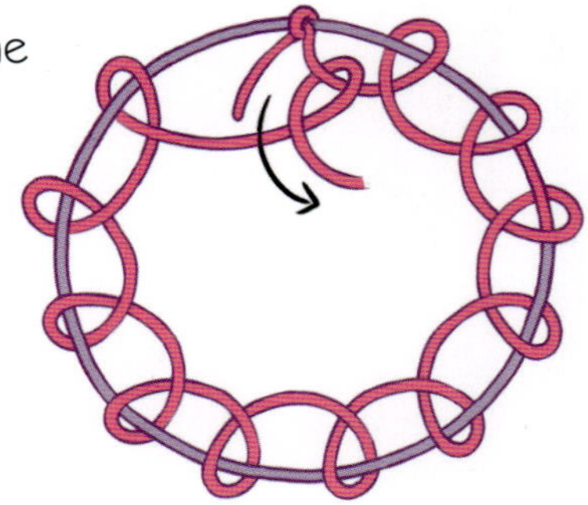

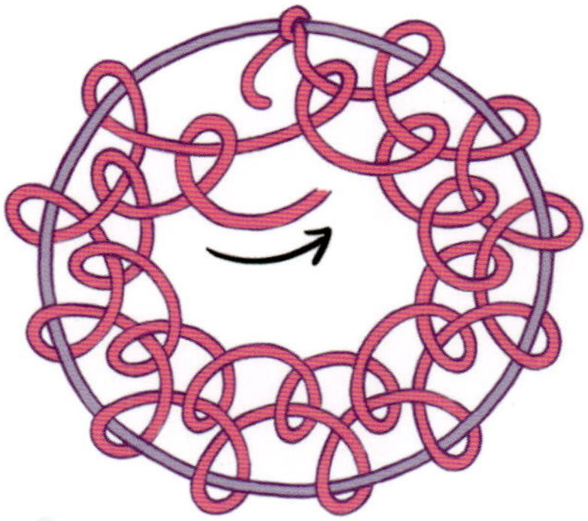

4

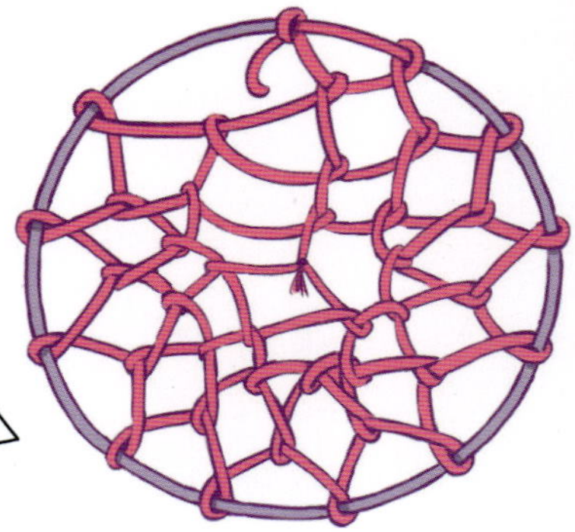

Continue les rangées jusqu'à arriver au centre du cercle. Fais un nœud pour fermer ton ouvrage.

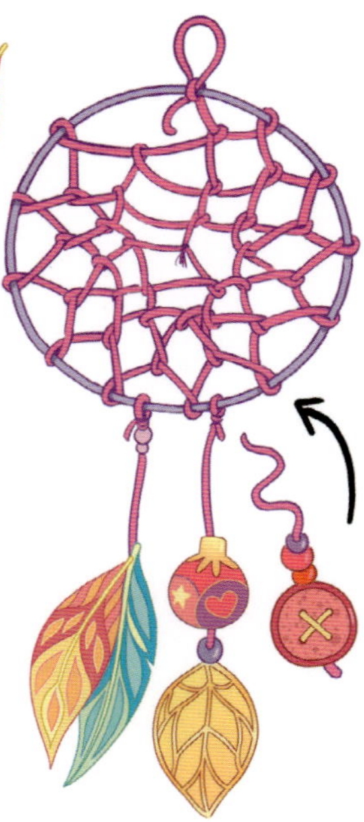

5

Noue un fil en haut de l'attrape-rêves pour pouvoir l'accrocher.

6

Suspends trois fils de coton en bas de ton attrape-rêves et accroche les breloques de ton choix (p. 125). Tu peux les perforer ou les coller directement sur le fil.

Défi sport

Tente de relever un maximum de défis dans la rubrique sports ! Complète ta liste et coche la case à chaque fois que tu as pratiqué une nouvelle activité.

❶ Avant de te rendre dans un magasin spécialisé pour acheter tout l'attirail de la cavalière, pourquoi ne pas demander à faire un tour de manège en club ? Tu peux aussi demander à ta famille de t'accompagner pour une après-midi de randonnée à cheval.

Équitation ☐

❷ Qui a dit que le kimono était réservé aux gros biscotos ? Avant de fouler un tatami, relève ce défi. La base du judo est de savoir bien retomber sur ses pattes. Alors apprends à tomber sans te faire mal avec cette technique :

Judo ☐

3 Attention ! Qui dit « danse » ne dit pas forcément « danse classique », tutu tout rose et ballerines qui font mal aux pieds ! Avant de découvrir toutes les danses possibles, entraîne-toi à danser avec tes copines et à inventer des chorégraphies ! Danse ☐

4 Ta mission, si tu l'acceptes, aura lieu la prochaine fois que tu te rends à la plage. Tu devras réunir suffisamment de participants pour faire une partie de beach-volley. De quoi s'amuser, se dépenser et faire des connaissances ! Beach-volley ☐

5 Tu as une folle envie de t'amuser ? Le cirque est tout indiqué ! Alors c'est parti pour l'entraînement à la maison : roulade avant, roulade arrière, marcher droit avec un livre sur la tête, roue sur deux mains puis sur une seule, jonglage avec deux balles puis trois... Une fois que tu te sens d'attaque, renseigne-toi pour savoir si ce loisir peut se pratiquer près de chez toi. Cirque ☐

J'ai testé

→ Un sport d'équipe : .... ☐

→ Un sport individuel : .... ☐

→ Autre sport : .... ☐

→ Autre sport : .... ☐

AU TOP

10 objets essentiels à avoir quand on est une fille au top

À prendre au second degré… ou non !

1 Des **baskets top tendance**. Parce qu'elles vont avec tout (jupe, jean slim, robe, short…), les baskets sont tes alliées.

2 Un **bon livre** sur sa table de chevet. La lecture, c'est important et en plus, ça permet de voyager sans se déplacer. Pratique !

3 Un **agenda** pour tout noter : les devoirs bien sûr, mais aussi les anniversaires et les petits mots des copines, les envies…

4 Un **doudou** tout doux ou tout vieux, comme tu veux. Il n'y a pas de honte à avoir encore un confident en peluche !

5 Un **sac à main** où tu peux fourrer toutes tes petites affaires : téléphone, écouteurs, bonbons ou autres petits trésors.

6 Un **album photo** dans lequel se replonger pour raviver de doux souvenirs.

7 Un **lecteur MP3**, une radio ou n'importe quoi qui émette de bonnes chansons. Sans musique, la vie est plus triste !

8 Un **carnet** parce qu'on a toujours un petit truc très important à noter.

9 Une **trousse de beauté** où l'on trouve un tas de choses indispensables comme des barrettes, des bandeaux, du vernis, du parfum, du gloss…

10 Des **lunettes de soleil** pour faire sa star ou parce que, vraiment, il fait très beau.

ZEN attitude

Détends-toi avant les devoirs

Choisis le lieu approprié et mets-toi en condition avant un moment de grande concentration.

Fais le vide

Assieds-toi en tailleur, les deux pieds collés l'un contre l'autre. Détends tes bras en battant des ailes comme un petit papillon, puis prends de l'envergure et bats des ailes comme un grand papillon. Ensuite, pose ta tête sur tes pieds sans forcer si tu manques de souplesse. Reproduis l'opération plusieurs fois. Toujours assise en tailleur, le dos bien droit, inspire et expire en faisant battre tes jambes comme les ailes d'un papillon.

Écoute le silence

Dans un monde qui va à cent à l'heure, apprends à déconnecter et à écouter le bruit de... rien ! Il y a toujours un petit bruit présent : un avion, un oiseau, un brouhaha de voitures au loin, un appareil électrique en veille. Écouter le silence permet de faire le vide et de développer sa concentration avant de se mettre à faire les devoirs !

T'es QUESTIONS

Aie confiance en toi !

Il est souvent plus facile de voir ce qui ne va pas plutôt que de profiter de ce que l'on sait faire de mieux. 5 astuces pour reprendre confiance en toi !

1

Prends soin de toi, tu ne peux pas t'aimer si tu es négligée.

Sommeil, alimentation, tenue vestimentaire, port de tête, tout doit être au rendez-vous. On ne te demande pas d'être la fille parfaite mais de tout faire pour être bien dans tes baskets.

2

Mets-toi au sport !

Cela te permet de t'amuser et d'évacuer le stress. Et il est prouvé que plus on fait du sport, plus on s'occupe de son corps, plus on adopte son corps et donc plus on acquiert de l'assurance !

3

Au fil du temps, tu auras de plus en plus confiance en toi.

Mais en attendant, essaie de lister tout ce que tu sais bien faire plutôt que de pointer tes petits défauts.

Sois douce avec toi-même, la perfection n'existe pas !

Les magazines et les médias en général nous renvoient l'image de la fille parfaite et il est normal à ton âge d'avoir des modèles. Mais sais-tu que souvent les photos sont retouchées ?

Et puis avec un bel éclairage, un super cadrage et un joli maquillage, il est normal que les stars soient toujours bien mises en valeur ! Apprends à te regarder avec bienveillance et à apprivoiser ton image.

Exprime ton opinion haut et fort.

Bon, sans crier tout de même ! Ose dire « oui », ose dire « non » quand il le faut. Et parle distinctement sans chuchoter. Les gens ne doivent pas avoir à prêter l'oreille pour t'entendre.

MÉDITE LA PHRASE SUIVANTE

« Il paraît qu'une grenouille a réussi à escalader une falaise alors que toutes les autres lui disaient que c'était impossible. Mais elle a réussi quand même parce qu'elle était sourde. »

Cela veut dire que, quand on croit en soi, en ses capacités, on met déjà toutes les chances de son côté pour y arriver. Ne désespère jamais !

ELLES l'ont fait !

MISSION SKATE

Apprendre le skate ?
Tout va se passer comme
sur des roulettes !

IL TE FAUT :

- un skate
- des baskets plates
- des protections : un casque, des genouillères et des coudières
- un sol lisse sans aspérités

Les premiers pas

Avant de vouloir devenir une championne, apprivoise la bête : monte dessus, tente de garder ton équilibre, comprends comment tourner... Maintenant, tu es prête à démarrer. Pour cela, place ton pied fort sur le skate et donne une impulsion avec l'autre. Une fois que tes deux pieds sont sur le skate, tente de garder ton équilibre. Quand tu as suffisamment d'élan, positionne tes pieds perpendiculaires à la planche et profite de ton élan.

Comment freiner ?

C'est bien beau d'avancer mais il est nécessaire de savoir s'arrêter !

- Tu peux freiner en posant un pied au sol. C'est l'une des raisons pour lesquelles les baskets des skateurs sont souvent abîmées !
- Tu peux glisser ton pied arrière au bout de ta planche, à l'arrière (le *tail*), en laissant dépasser le talon hors de la planche. Mets tout ton poids à l'arrière pour soulever l'avant du skate. Hop ! tu t'arrêtes.

Ellen O'Neal

Une « rideuse » polyvalente qui atteint un niveau impressionnant dans un sport d'hommes !

Née à San Diego, Ellen O'Neal a marqué l'histoire du sport en étant l'une des premières skateuses professionnelles, dans les années 1970. Au début, elle utilise la planche à roulettes comme moyen de transport pour se rendre à l'école, mais quand elle s'inscrit au Stadium de San Diego juste pour voir ce que ça peut donner, elle se fait remarquer. Jolie et douée dans sa discipline, Ellen attire vite les sponsors et entre dans la légende.

Tente la figure d'Ellen O'Neal

L'une des figures emblématiques d'Ellen est le « hang ten nose manual ». Pour la réaliser, il faut prendre suffisamment d'élan, puis regrouper ses pieds joints sur l'avant du skate en tentant de trouver son équilibre. Tu peux l'essayer après quelques heures d'entraînement mais n'oublie jamais les protections : genouillères, coudières et casque. C'est plus prudent !

Idées RECETTES

Un rainbow cake

Que dirais-tu de réaliser un gâteau aux couleurs de l'arc-en-ciel ? Effet « waouh » garanti !

Il te faut
(pour 8 personnes) :
- 6 œufs
- 400 g de sucre
- 200 g de beurre fondu
- 400 g de farine
- 1 sachet de levure chimique
- 40 cl de lait
- des colorants alimentaires rouge, jaune et bleu
- 500 g de mascarpone
- 200 g de fromage frais (type Philadelphia®)
- 125 g de sucre glace

❶ Bats au fouet le sucre et les œufs. Ajoute le beurre fondu et mélange.

❷ Ajoute la farine et la levure progressivement tout en continuant à mélanger. Puis ajoute le lait.

❸ Sépare la pâte en six parts égales et verse du colorant dans chacune d'elle : jaune, rouge, bleu, rouge et bleu pour faire du violet, jaune et bleu pour faire du vert, rouge et jaune pour faire du orange.

❹ Préchauffe le four à 180 °C. Fais cuire chaque pâte colorée l'une après l'autre, dans un moule à gâteau, pendant 10 minutes.

❺ Prépare la ganache. Mélange le mascarpone, le fromage frais et le sucre glace.

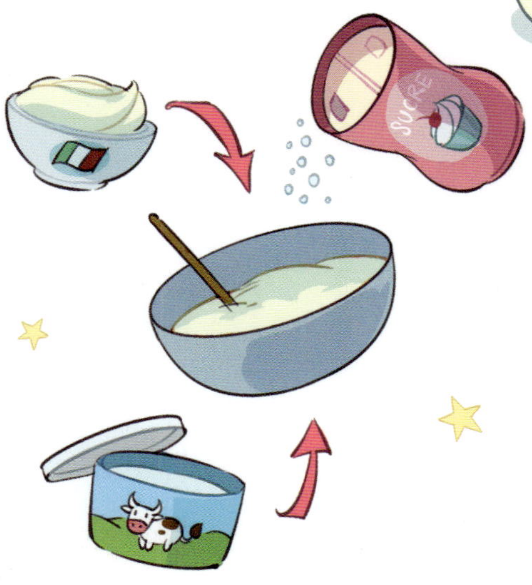

❻ Après avoir laissé les gâteaux refroidir, procède au montage en alternant gâteau de couleur et ganache.

❼ Recouvre le dessus et le contour du gros gâteau avec la ganache qui te reste.

Waouh !

Défis avec toi-même

La gentillesse n'est pas un signe de faiblesse, bien au contraire. Être quelqu'un de bien, ça tient à peu de choses. Si, si… Essaie !

Donne de ton temps sans compter…

… à tes copines ou à ta famille (mais ne passe pas pour une bonne poire non plus !). Même si tu n'as pas de retour tout de suite, plus tard, tu seras sûrement contente de pouvoir compter sur eux. Et en plus, tu seras fière d'avoir rendu service. C'est bon pour le moral !

Participe à la vie de ton quartier.

Plutôt que d'attendre qu'on te le demande, propose ton aide : la vieille dame qui a du mal à porter ses courses, le chien dans la rue qui échappe à son maître, le papier de la dame tombé à la boulangerie, un petit garçon qui a l'air perdu au beau milieu d'un grand magasin… Il y a mille façons de se rendre utile !

Prends soin de ta famille.
Tes parents ont eu une dure journée… Et ce n'est pas le moment de leur demander quoi que ce soit. Pourquoi ne pas leur rédiger un petit mot-surprise, un petit mot tout bête, tout gentil : « Je ne vous dis pas assez que je vous aime, mes parents chéris ! » Laisse-le dans la salle de bains, sous leur oreiller, à côté de la machine à café… Sans occasion particulière, cela leur fera encore plus plaisir !

Sois zen !
Réponds présente quand on te sollicite pour une tâche ménagère. Vider le lave-vaisselle, la plaie ! OK, mais si de toute façon à la fin tu y es contrainte, à quoi cela sert de repousser le moment ? Action, réaction !

Sois force de proposition !
Il fait gris, on est dimanche, il n'y a rien à faire. Plutôt que de t'isoler dans ta chambre, propose à ta famille de faire des crêpes, de commencer un jeu de société, d'aller se balader.

Astuces **cheveux**

Ahhh, tes cheveux appellent à l'aide !

Le démêlage

Le mythe dit que cent coups de brosse permettent d'avoir une chevelure soyeuse et brillante. Attention ! C'est un peu trop. Il faut quand même prendre soin de les brosser chaque jour pour éviter les nœuds, bien sûr, mais aussi pour enlever la poussière. La nuit, tes cheveux peuvent s'emmêler plus que la journée si tu bouges beaucoup ou si tu transpires. Alors n'hésite pas à te coucher avec une tresse ou un chignon très lâche sur le haut de la tête.

ASTUCE

Pas besoin de dépenser beaucoup de temps, d'énergie et d'argent pour avoir des cheveux plus brillants. Il te suffit d'ajouter une cuillerée à soupe de vinaigre blanc avec l'eau de rinçage de ton shampoing. Magique !

Le lavage

Il n'est pas bon de se laver les cheveux tous les jours. Même si ce n'est pas très logique, plus on les lave, plus ils graisseront vite, car plus tu masses ton cuir chevelu, plus tu stimules les glandes qui produisent le sébum. Une à deux fois par semaine ou quand tu as fait du sport, cela suffit. Utilise un shampoing doux qui n'agressera pas ton cuir chevelu.

Anti-frisottis

Sans faire un lissage ou un brushing, tu peux tout simplement rincer tes cheveux à l'eau tiède. L'eau fraîche va resserrer les écailles et tes cheveux paraîtront plus raides.

La coupe

Laisse faire le coiffeur ou l'un de tes parents s'il sait manier les ciseaux ! Qui n'a jamais été tentée de mettre un petit coup de ciseaux à une frange un peu longue ? Erreur ! Il y a de fortes chances pour que tu regrettes ton geste et ce sera... trop tard !

Patience !

À l'adolescence, les cheveux sont toujours plus gras que durant le reste de ta vie mais ça ne dure pas. La nature de nos cheveux change en moyenne tous les sept ans, alors patiente jusqu'à la prochaine période !

DIY

DES PRODUITS DE « BIOTÉ »

Comment se fabriquer des produits de beauté maison 100 % naturels ?

DES LÈVRES ANTIGEL

Les lèvres à moitié déchiquetées, toutes gercées, merci bien ! Voici la recette d'un gloss maison.

1. Fais bouillir le petit pot et le couvercle pendant 10 minutes dans une casserole d'eau pour le stériliser.
2. Mélange le miel et l'huile d'olive.
3. Pour donner à ton gloss un aspect brillant, tu peux ajouter dans la préparation de la poudre de paillettes et, pour le rendre encore plus girly, du colorant alimentaire rouge fera l'affaire !
4. Verse ton mélange dans ton petit pot. Conserve ton gloss au réfrigérateur.

IL TE FAUT :

- un petit pot de confiture en verre avec un couvercle
- 1 cuillerée à soupe de miel liquide
- 1 cuillerée à soupe d'huile d'olive

Halte aux yeux gonflés

Tu as dormi dans une pièce surchauffée et tu as les yeux tout boursouflés ? Découpe deux tranches de concombre et laisse-les posés 15 minutes sur tes paupières, yeux fermés. Rince à l'eau froide.

MASQUE RAVIVEUR D'ÉCLAT

IL TE FAUT :

- ★ 1 petite carotte
- ★ 1/2 avocat
- ★ 1 cuillerée à soupe de miel
- ★ 1 cuillerée à soupe de crème fraîche

❶ Fais bouillir une casserole d'eau et plonge la carotte pendant 10-15 minutes.

❷ Réduis-la en purée et ajoute l'avocat, le miel et la crème. Mélange, mixe ou fouette jusqu'à obtenir une préparation lisse.

❸ Quand elle est froide, dépose-la sur ton visage et laisse agir 15 minutes avant de rincer.

ASTUCE

Pas le temps de préparer une recette beauté ? Prends une noisette de miel, étale-la sur tes lèvres et laisse agir 5 minutes. Ce sera déjà ça de pris !

Effet bonne mine

Pour te fabriquer un masque à la fraise, découpe tout simplement des tranches de fraises, allonge-toi et dépose-les délicatement sur ton visage. Retire-les au bout de 10 minutes et rince-toi pour avoir une vraie peau de bébé.

Une fête (presque) parfaite

Des conseils pour organiser THE soirée de l'année !

AVANT DE COMMENCER

Comme pour ta pyjama party, demande à tes parents combien de copains et copines tu peux inviter. Puis, demande-leur de t'aider à trouver une date et prépare de jolis cartons d'invitation.

TA TENUE

Comme tu es un peu la reine de la fête, choisis de jolis vêtements qui te plaisent et dans lesquels tu te sens à l'aise. Tu peux aussi choisir d'organiser une soirée déguisée, à toi de voir ! Mais dans ce cas, précise-le bien sur ton invitation.

La déco

Décore l'endroit où tu reçois avec des nappes, des serviettes en papier, des gobelets et des jolies pailles…

- Personnalise des ballons de baudruche. Avec un marqueur, décore-les en fonction du thème de la fête : des étoiles, des cœurs, le chiffre de ton âge s'il s'agit de ton anniversaire, des petits pois, des petits ronds ou encore des notes de musique pour une soirée de stars.

- Fleuris la vie. Choisis des verres transparents de tailles différentes et remplis-les d'eau. Ajoute des colorants alimentaires pour colorer l'eau : rouge, jaune, bleu et effectue aussi tes mélanges pour obtenir plus de couleurs. Glisse une fleur dans chacun de tes vases improvisés pour une ambiance douce et feutrée.

LE BUFFET

Prépare un gâteau au chocolat (tout le monde aime ça !), des brochettes de bonbons (que tes copines adoreront), des salades de fruits…

ASTUCE

Tu peux aussi accrocher une jolie guirlande de guinguette pour mettre tout de suite tes amis dans une ambiance festive.

Le plus simple est de prévoir des grignotages plutôt qu'un vrai repas. C'est plus sympa et vous n'êtes pas là que pour manger !

Adapte ton buffet au moment de la journée : si la fête a lieu l'après-midi, prépare plutôt du sucré, si elle a lieu le soir, pense aussi à des plats salés.

DES JEUX À GOGO

Il y a mille et une idées pour bien s'amuser !

❶ Organise un jeu de mime, mais sur le modèle du téléphone arabe : l'un mime au suivant, qui mime au suivant, etc., jusqu'au dernier. Le dernier doit trouver de quoi il s'agissait au départ. Pendant un mime, les autres joueurs doivent garder les yeux fermés !

❷ Collez-vous un post-it sur le front indiquant le nom d'un personnage et devinez qui vous êtes en posant des questions auxquelles on ne peut répondre que par « oui » ou « non ».

❸ Faites un « Dessinez, c'est gagné » : l'un dessine et les autres doivent deviner de quoi il s'agit. Corsez le jeu avec les yeux bandés, dessinez de la main gauche (si droitier) ou de la main droite (si gaucher).

LE JEU DES CHAISES MUSICALES

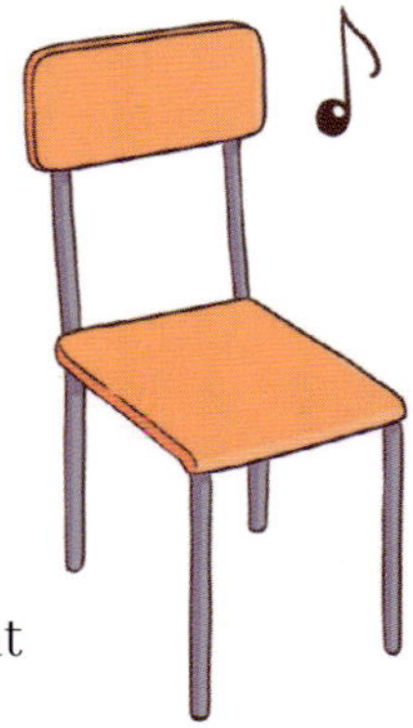

C'est un grand classique mais ça nous fait toujours autant rire ! Place en rond autant de chaises que de participants moins une. Si vous êtes dix, place neuf chaises. Demande à un adulte de faire démarrer la musique et, dès que le son s'arrête, asseyez-vous sur une chaise le plus rapidement possible. Celui qui ne trouve pas de place est éliminé. On retire ensuite une chaise et le jeu continue jusqu'à ce qu'une seule personne soit assise : c'est la grande gagnante !

LE BLIND-TEST

Pas de fête sans musique ! Un adulte passe des chansons et vous devez trouver le plus rapidement possible le titre de la chanson et l'interprète. Le gagnant est celui qui obtient 5 points le premier. Il devient alors le DJ.

BYE, BYE

Quand le moment est venu pour tes invités de s'en aller, donne-leur un petit souvenir : organise une chasse aux cadeaux. Chacun son tour ou tous en même temps, guide-les avec « tu chauffes » ou « tu refroidis » ! Offre-leur un petit bricolage que tu as fait : un bijou, des autocollants, des jolis stylos... Histoire de marquer le coup !

ET APRÈS...

Voilà ! La fête est finie, les amis sont partis. Alors, pour pouvoir recommencer très vite, aide tes parents à ranger !

ELLES l'ont fait !

MISSION OLYMPIADES

Pas la peine d'être médaillée pour s'amuser ! Course, nage, raquettes, ballon sur la plage… C'est parti !

2 joueuses et +

Saut en longueur

Tracez un trait dans le sable pour déterminer la ligne de départ. Chacune se place derrière, prend de l'élan et saute le plus loin possible sans mordre la ligne. Vous pouvez aussi vous entraîner au triple saut.

2 joueuses

Karaté

Mettez-vous l'une en face de l'autre, juste assez éloignées pour pouvoir vous toucher avec les bras. Creusez chacune un trou dans lequel vous pourrez rentrer jusqu'aux genoux. Entrez dans le trou, refermez le trou avec du sable et tassez bien. C'est parti pour un duel de karaté. La gagnante est la première à réussir à faire sortir son adversaire de son trou.

2 joueuses et +

Canoë-kayak

Mettez-vous au bord de l'eau, assises les jambes tendues. Juste à la force des bras et en essayant de flotter, avancez le plus rapidement possible. Déterminez un objectif. La première à franchir la ligne d'arrivée a gagné.

Perrine Laffont

Une championne qui n'a pas froid aux yeux et ne craint pas les bosses !

Née en 1998 en Ariège, dans les Pyrénées, Perrine commence le ski très jeune. Elle est sélectionnée dès ses 15 ans pour participer aux Jeux olympiques d'hiver de 2014, d'où elle terminera quatorzième. Sa carrière commence ! Sa spécialité ski de bosses est une épreuve sur une piste de 250 mètres de long où il faut être rapide et effectuer deux sauts jugés par le jury. Cette jeune athlète remporte la médaille d'or de ski acrobatique, à l'épreuve des bosses, aux Jeux olympiques de 2018 à Pyeongchang en Corée du Sud. Son but à présent : devenir la meilleure skieuse de bosses de l'histoire. On lui souhaite de réaliser son rêve !

Vois la vie en rose

Même si parfois tu broies du noir, tu peux décider d'être heureuse. Quelques petits riens peuvent devenir un grand tout. Il suffit parfois de le vouloir !

Satisfais-toi...

... de petits plaisirs du quotidien : déguster un bon chocolat chaud quand il fait froid dehors, faire une soirée pyjama entre copines, entendre ta chanson préférée à la radio, pouvoir te lever plus tard parce que c'est le week-end, profiter d'un plateau-télé, recevoir une carte postale, te blottir sous la couette lors d'un gros orage, trouver un trèfle à quatre feuilles ou une coccinelle dans un jardin, faire un câlin à ton chien, sentir l'odeur de l'herbe fraîchement tondue...

Crée ta liste de petits plaisirs :

....

....

....

....

....

....

....

....

....

SMILE

Souris ! C'est tellement plus agréable pour les autres de croiser quelqu'un de bonne humeur. Et le bonheur attire le bonheur, alors essaie ! Pas besoin d'attendre la journée mondiale du sourire... Alors ce jour-là en particulier, mais aussi tous les autres jours de l'année, mets un smiley sur ton visage et souris à tous ceux qui croisent ton chemin !

OKLM !

Voici un proverbe de bien-être à méditer...

« Tu ne peux pas vivre dans le regret. Ce qui est fait est fait. Passe à autre chose. Lâche prise, il y a une belle vie devant toi. »

Tout le monde fait des erreurs. Il n'y a que quand on ne fait rien qu'on ne peut pas se tromper ! Il faut que tu apprennes à les accepter, à les corriger et à passer outre.

Top !

Reconnais ce que les autres font de bien. La critique est facile mais les compliments doivent être présents. Dis « Je t'aime », « Bravo » ou « C'est super ce que tu as fait ». Remercie tes amies d'être tes amies ou tes parents d'être si géniaux avec toi.

ZEN attitude

Conseils Zen

La zénitude, ça se travaille !

Cobra

Allonge-toi sur le ventre les bras le long du corps et le visage posé à plat sur le côté. Redresse-toi doucement en prenant appui sur tes bras, en soufflant. Regarde loin devant toi sans forcer et sans décoller le reste de ton corps. Inspire en redescendant tout doucement.

Petits moutons

Au lieu de compter les moutons pour trouver le sommeil, tu peux observer les aiguilles d'une horloge se déplacer, en ne pensant plus à rien.

Sable mouvant

Allonge-toi sur ton lit et détends chaque endroit de ton corps en commençant par les pieds. Imagine que chaque partie s'enfonce dans les draps et détends-toi. Tu peux utiliser cette méthode si tu as du mal à t'endormir, par exemple.

Ferme les yeux, fais un vœu.
Demain, à toi de tout faire pour essayer de le réaliser.
Bonne nuit !

JEUX en folie

Le dé de l'amitié

Découpe tout autour du cube et plie les arêtes, puis colle aux endroits indiqués pour former un dé.

Colle ici

VÉRITÉ
Dis à chacune de tes copines ses 3 plus gros DÉFAUTS et ses 3 plus belles QUALITÉS.

Colle ici

ACTION
Pars chercher un VERRE D'EAU sans te faire repérer par un membre de la famille.

VÉRITÉ
Raconte la plus grosse HONTE de ta vie.

Colle ici

ACTION
Fais 20 ABDOMINAUX pendant que tes copines te chatouillent.

Colle ici

ACTION
Fais 10 ROULADES d'affilée sans t'arrêter.

Colle ici

Colle ici

VÉRITÉ
Raconte un SECRET sur ton amoureux actuel ou passé.

Colle ici

JEUX en folie

TA ROUE CODE SECRET

1 Découpe ces deux roues et positionne la petite sur la grande.

2 Fais un trou au centre et attache les deux roues ensemble avec une attache parisienne.

3 Décide avec tes copines de votre lettre fétiche : par exemple, le C comme « copines ».

4 Fais tourner la grande roue de sorte que le C de la grande roue soit face au A de la petite roue. Le vrai alphabet est sur la petite roue et le langage codé est sur la grande roue. Rédige ton message et donne-le à l'une de tes copines.

Pour le déchiffrer, elle aura elle aussi besoin de la roue que tu auras discrètement glissée dans son sac !

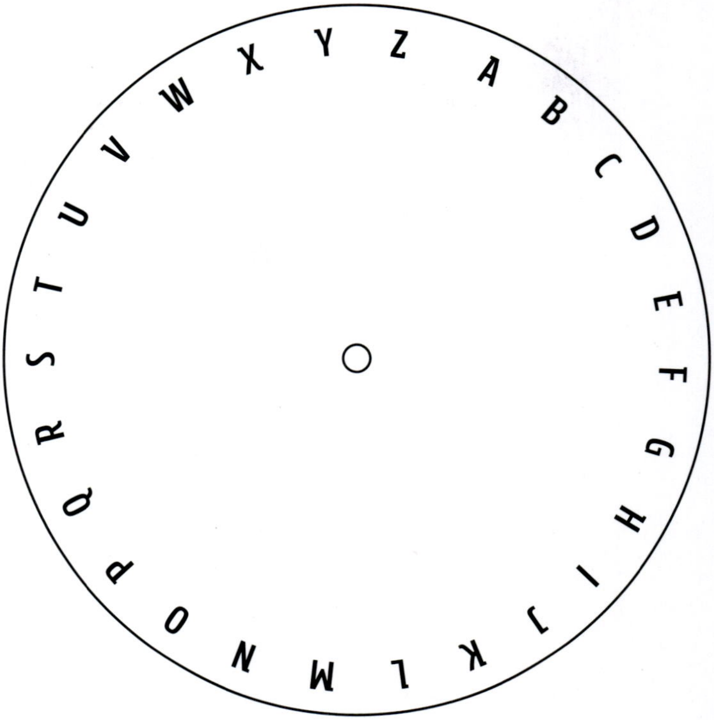

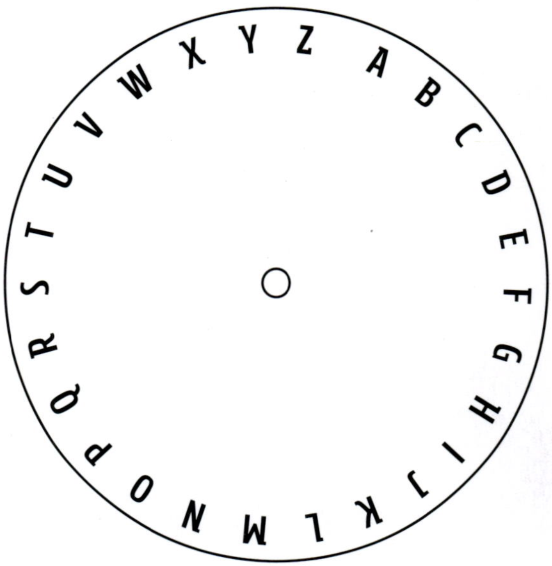

TON ATTRAPE-RÊVES

PETITES NOTES

Tes envies

Tes listes

TEXTE

AURORE MEYER

ILLUSTRATIONS

AMANDINE
La couverture de l'ouvrage
et les catégories : DIY ;
Tes questions ; Jeux en folie ;
Zen attitude

MYRTILLE TOURNEFEUILLE
Les catégories : Style, mode, beauté ;
Elles l'ont fait ! ; Idées recettes ;
Défis en tout genre ;
Au top !

Direction de la publication :
Sophie Chanourdie

Édition :
Anne Castaing

Responsable artistique :
Laurent Carré

Mise en pages :
Anne Bordenave

Fabrication :
Ombeline Canaud

21, rue du Montparnasse, 75006 Paris

ISBN : 978-2-03-595862-4
Dépôt légal : juin 2019
322857-01/11039856 – janvier 2019

Imprimé en RPC.
Conforme à la loi n° 49-956 du 16 juillet 1949
sur les publications destinées à la jeunesse.